特別支援教育サポートBOOKS

国語 算数・数学

発達段階に合わせて学べる学習課題100

特別支援教育の実践研究会
是枝 喜代治・村山 孝 編

明治図書

はじめに

　近年，「障害者の権利に関する条約」の批准（2014年2月）を契機に，障害のある子もない子も共に学ぶ「共生社会の実現」に向けたインクルーシブ教育システムの構築が急速に広まりつつある。先般の特別支援学校学習指導要領の改訂では，こうしたインクルーシブ教育の進展状況などを鑑みて，特別支援学校と幼稚園・小中高等学校等とのつながりや「学びの連続性」を重視し，小中学校の学習指導要領の示し方に準じて，目標や内容が示される形となった。この背景には小中学校の教育を経験した後，特別支援学校に入学したり年度途中で転校したり，反対に特別支援学校や特別支援学級から通常の学級に転校・転籍したりする児童生徒が増加傾向にあることなどが挙げられる。今回の学習指導要領の改訂では，小中高等学校と同様に「育成を目指す三つの柱」に基づいて各教科等の目標や内容が整理された。障害のあるなしにかかわらず，通常の教育と特別支援教育の両方に共通する教科である「国語」や「算数・数学」の指導を通して，社会生活に必要な力を育んでいくことが大切となる。

　特別支援学校や特別支援学級では，発達段階が幅広い児童生徒が在籍しているため，教科指導においては，細分化されたグループ指導を展開できたとしても，小中学校の通常の学級のように教科書の内容を一斉に順を追って指導していくことは難しい。そのため，一人一人の発達段階や障害の状況等を的確に把握した上で，児童生徒個々のニーズに応じた学習課題を設定していく必要がある。また，個別的な課題を重点的に学ぶ段階の児童生徒も在籍しているため，指導内容が一部の内容に偏ってしまっている状況も見受けられる。

　「国語」では，言語理解を含め，ことばやジェスチャーなどを通して他者とより深く関わるためのコミュニケーション力の基礎を育てていくことが大切で，日常生活場面で実際にことばを使用しながら体験的に学んでいくことや，ことばの使い方のルールを積み上げながら，確実にその使用法を覚えていくことに留意すべきである。「算数・数学」では，国語の指導と同様に，学校での授業と合わせて日常生活場面の中で1対1の対応を理解したり，大小・長短の比較や数量や図形に関する基礎的な概念を理解したりしながら，数や量を扱う能力や態度を育てていくことが大切である。

　また，知的障害のある児童生徒の指導においては，「日常生活の指導」「生活単元学習」「作業学習」などの「各教科等を合わせた指導」との関係が取り上げられることが多いが，個々の児童生徒の実態に合わせた継続的な指導を展開し，確かな学力を身に付けていくための「教科指導」の重要性が，今，見直され始めている。児童生徒の現在の状況を明らかにした上で，発達段階や障害の特性に応じて，指導の順序性や各教科の系統性を大切にした教育を積み上げていくことに留意すべきである。今回の学習指導要領の改訂では，「学びの連続性」を重視し，特別支援学校の各学部や各段階間の円滑な接続を図るために，中学部の各教科が新たに二つの

段階（これまでは１段階）として示された。さらに，小中学部の各段階に目標を設定し，段階ごとの内容を充実させることが規定された。

　知的障害のある児童生徒の各教科の指導に関しては，旧来から指導内容が曖昧な部分が多く，「毎年同じような内容を行っている」「活動の内容がパターン化している」などの批判があった。このことは「国語」や「算数・数学」の各教科の指導に限られたことではないが，今後は教科としての連続性・系統性を踏まえながら，担当する児童生徒がそれぞれ習得した内容を次の授業で発展・応用させられるように，きめ細かな指導を展開することが求められていくだろう。これまでの知的障害教育で培われてきた指導方法や指導内容などを吟味しながら，個々の児童生徒の実態に応じて，「どのような内容を」「どのような順番で」「どのように指導していくか」という指導内容の順序性を常に意識し，日々の授業を進めていくことが大切である。

　本書は，特別支援教育現場の「国語」「算数・数学」の指導に活用・応用できる内容の提供を意図して企画されたものである。はじめに，子どもの発達段階に合わせたより良い授業づくりに向けて概説するとともに，本書のねらいや活用法について解説した。次に，教育現場の指導経験の豊富な特別支援学校・特別支援学級の先生方に，改訂された学習指導要領の趣旨を踏まえた「国語」及び「算数・数学」の学習課題について，それぞれ50課題ずつ合わせて100課題を紹介してもらった。

　また，各学習課題では主な対象となる児童生徒の指導内容が，それぞれの教科の段階（小学部３段階，中学部２段階，高等部２段階）のどこに位置付いているかを示してもらった。同様に，今回の改訂で新たに示された「資質・能力の観点からの三つの柱」（「知識及び技能」の習得，「思考力，判断力，表現力等」の育成，「学びに向かう力，人間性等」の涵養））について整理してもらった。さらに，全体的な内容の統一を図るために，学習指導要領の段階（小学部１段階など）や学習指導要領との関連（国語：〔知識及び技能〕ア(ア)(エ)，〔思考力，判断力，表現力等〕A聞くこと・話すことア，C読むことア・エ，算数・数学：図形イ(ア)(ウ)(イ)など）を課題ごとに示してもらい，本文は，指導のねらい，指導の流れ，手立てという順番でまとめてもらった。どの課題も現場の先生方が実際に授業等で扱われた課題であり，学習指導要領の内容に準じた課題が検討されている。

　知的障害特別支援学校に限らず，特別支援学級等で知的障害のある児童生徒の指導に携われている先生方にとって，大いに役立つ内容だと考える。担当されている児童生徒の発達段階に応じた指導・支援の参考にしていただければ幸いである。

特別支援教育の実践研究会

是枝喜代治・村山　孝

より良い授業づくりのために

(1)発達段階に合わせた学習課題の設定と日常生活に生かす授業づくり

　特別支援学校や特別支援学級には，さまざまな障害の特性を持つ子どもが在籍している。したがって，それぞれの障害の特性や個々の子どもの発達段階を考慮しながら，発達の系統性や学びの順序性に配慮した「学習課題」を設定していくことが大切である。特に知的障害のある子どもの支援に際しては，発達段階や生活年齢などを考えながら，「学習課題」の中に，ことばや数量などの教科の基礎的な学習内容と合わせて，社会生活に生かすための生活的な学習内容を含めることに留意すべきである。

　一般的に知的障害のある子どもは抽象的なことばの理解に困難さがあったり，物事を理解することに，より多くの時間を費やしたりする共通の特性を持ち合わせている。的確な「学習課題」の設定と合わせて，指導方法や手続きにおいても，彼らの特性に配慮した対応を心がける必要がある。例えば，同時に複数の指示を出すと理解しにくい傾向があるため，できるだけ一つ一つ指示を出すように心がけることや，抽象的なことばの意味理解が難しいため，より具体的で理解しやすいことばを使用することなどである（例：「片づけましょう」⇒「教科書をロッカーの中に入れましょう」，「たくさん作りましょう」⇒「10個作りましょう」など）。

　先般改訂された「特別支援学校学習指導要領」では，各学部の目標と合わせて，各段階においても「育成を目指す資質・能力の三つの柱」に基づいて，在籍する子どもの実態に応じた指導を充実できるよう，各段階における内容が細かく示されるようになった。ここで示された内容は指導内容の順序性を示すものではないが，各教科の指導において，学習内容の順序性を意識しながら，子どもが習得した内容を次の授業で，どのように応用・発展させていくかをしっかりと検討することが重要となる。改訂学習指導要領では，各教科で取り扱うべき内容が，以前に比べてかなり細かく示されているため，それらを参考にしながら，担当する子どもの障害の特性や発達段階を考慮した「学習課題」の作成を検討していってほしい。

　具体的な内容としては，例えば小学部低学年の段階で話しことばの獲得を目指す段階の子どもであれば，国語の授業の中で子どもが関心を示す絵本などを用いて，絵本の読み聞かせを行ったり（課題1：小学部国語1段階），絵本の登場人物になって簡単なセリフを話したりするなど（課題13：小学部国語2段階），子どもの興味や関心，発達段階に応じて，簡単なことばや会話を覚えさせていくことが大切である。また，国語の授業の中で簡単な挨拶のことばを覚え，「朝の会」や「帰りの会」などの日常生活指導の中でそれらを応用したり，生活単元学習などの各教科等を合わせた指導の内容などと関連付けて，学芸会で発表する劇のセリフを覚えたり，簡単な平仮名，片仮名，漢字を覚えたりする（課題19：小学部国語3段階）など，身近な日常生活と関連させた学習課題を設定し，授業を構成していくことが望まれる。

　中学部や高等部段階では，小学部で取り組んだ基礎的な学習内容をさらに積み上げていくことと合わせて，将来の社会生活の中で応用できる学習課題の設定を意識することが大切である。

例えば，数学の授業の中で，数量の基礎的な概念（10や100としての数のまとまりなど）について学習したり（課題75：中学部数学１段階），筆算用のタイルアニメーションを用いて繰り上り繰り下がりの仕組みを学んだりすることは（課題84：中学部数学２段階），数としてのまとまりを学ぶことと合わせて，生活の中で活用できる力（作業で10個ずつ束ねるなど）を育てることにつながっていく。また，こづかい帳を題材として取り上げ，自分で金銭管理を学んでいく取り組みなどは（課題92：高等部数学１段階），将来の社会生活に役立つ力を育んでいくとともに，お金の無駄遣いをしないように計画的に使用するなど，正しい金銭感覚を育てることにもつながっていく。知的障害の特性に配慮しながら，子どもが日常生活を充実させ，将来の社会生活を豊かにできる体験的かつ実用的な学習課題を検討することを心がけてほしい。

⑵「学びの連続性」を意図した授業の展開と的確な個別の指導計画の作成

近年のインクルーシブ教育の推進により，特別支援学校から小中学校へ，小中学校の特別支援学級から特別支援学校へ転校するなど，学びの場の選択が柔軟に行われるようになり，前籍校での学習内容などを継続的に取り扱うことの必要性が指摘されている。これまでの知的障害特別支援学校の学習指導要領の各教科の内容は極めて概括的に示されていたが，先般改訂された学習指導要領では，教育課程の連続性を含め，障害のある子ども一人一人の教育的ニーズに応じたきめ細かな指導の必要性が示されるようになった。

一人一人の教育的ニーズに合わせた指導を展開するためには，まずは個々人の子どもの実態を的確に見極めることが重要である。担当する子どもの実態把握に向けて，日常観察やアセスメント等を利用して，子どものニーズを的確に見極めながら，「個別の指導計画」を作成していく必要がある。そして実際の授業を展開する上で，本書に示すような「学習課題」等を上手く活用し，子どもの発達を促していくことが大切である。その際に，「国語」や「算数・数学」などの各教科の指導内容と合わせて，各教科等を合わせた指導や自立活動の指導などと関連させながら授業を構成・検討していく必要がある。例えば，高等部に在籍する自閉スペクトラム症のある生徒の場合，生活場面での状況理解の内容（相手の表情の読み取り方など）と合わせて，その状況に応じた適切なことば（言い回し）を学び，実際の場面を想定してロールプレイを行うなどのソーシャルスキル的な学習が必要となるケースもある。

指導者は「国語」や「算数・数学」の授業においても，個々の子どもの状態によって「自立活動」の指導が必要な場合があることなどにも十分留意して，発達の順序性を踏まえた学習課題の検討を心がけることが大切である。適切な子ども理解に基づく"的確な個別の指導計画の作成"と，"順序性を意識した学習課題に基づく授業"を積み重ねていくことは，子どもの確かな学力の育成，ひいては将来の社会生活に応用できる力の育成に通じていく。

本書のねらいと活用法

　本書には，特別支援学校や特別支援学級の「国語」「算数・数学」の指導に活用・応用できる100の学習課題が網羅されている。実際に，学習指導要領の内容に沿って特別支援学校等の現場で取り扱われている内容なので，担当する子どもの実態に合わせて活用し，個々の子どもの発達を促す授業づくりを進めていってほしい。以下に，ICT 機器を使用した「簡単な挨拶のことばを覚えて使おう！」の学習課題のサンプルを示したが，本書では，それぞれの学習課題を適用する目安となる学部や各教科等の段階などを示している。これらは，そこに示された学部や段階に限定したものではないが（他学部や他段階でも活用可能），子どもの学習課題を考える際の一つの目安として活用してほしい。

SAMPLE

国語 特別支援学校学習指導要領　中学部 1 段階

簡単な挨拶のことばを覚えて使おう！

〔知識及び技能〕ア(ア)，イ(ア)
〔思考力，判断力，表現力等〕A 聞くこと・話すこと イ

（是枝喜代治）

サウンドリーダー本体

ことばのファイルブック

コードをなぞり，音声を出す

指導のねらい

　音声言語を持たない生徒に対して，ICT 機器を使用し，日常生活で使用する簡単なことばを理解し，音声を口形で模倣したり，簡単な身振りを使用したり，話しことばで表現したりすることを目的とした。国語のクラスには，音声言語を持たない複数の生徒がいたため，コミュニケーション支援ツールの一つである「サウンドリーダー」という ICT 機器を用いて，録音

されたドットコードのシートをなぞることで，音声を出力し，他者とのやりとりの力を育てることを意図して取り組んだ。

指導の流れ

国語の指導と合わせて，自立活動の指導の時間（個別指導）の中でも，サウンドリーダーの使い方を理解し，一人で活用できるように取り組んだ。その上で，国語の指導の中で「挨拶をしよう」という単元を設定し，国語のグループの中で，日常使用する挨拶に用いることばを考えさせた。生徒たちから出された「挨拶」に関することばの中から，日頃使用することばを選択してイラストを作成するとともに，サウンドリーダーで出力させるためにドットコードに音声（教師のことば）を録音し，国語の授業の中で活用した。

手立て

サウンドリーダーの活用には音声が録音されたドットコードを正確になぞって読み取る必要があるため，読み取り用のボタン（機器の中央のボタン）を押し続けながら，ゆっくりと正確にコードをなぞる操作が必要となる。対象の生徒は，当初，手先の操作が十分ではなく，正確にドットコードをなぞることが難しかった。そのため，国語及び自立活動の指導の中でボタンを押し続けながらドットコードをなぞる活動を取り入れ，正確になぞれた時には，音声が出力されることを楽しめるように進めていった。継続的に進めた結果，自分自身が正確になぞることで音声が出力され，音声言語を持つ相手（友達や教師）と，ICT機器を媒介として通じ合えることが理解できるようになり，他の授業でも意欲を持って取り組めるようになった。

本書を手に取っていただいた先生方には，本書に示されているさまざまな学習課題を教育現場の中で上手く活用したり，子どもの実情に合わせて適宜改変したりしながら，担当する子どもの実態に合わせたオリジナルの「学習課題」の作成へと発展させていってほしい。また，学校の中で先生方が作成した学習課題を共有していくことは，学校全体の教育力を高めていくことにも通じていく。日々の授業づくりの中で，このような工夫を進めていくことが，"子どもの発達段階に合わせたより良い授業づくり"につながっていくものと考える。

【参考・引用文献】
文部科学省（2019）：特別支援学校学習指導要領解説各教科等編（小学部・中学部）.
新宿日本語学校制作：サウンドリーダー．http://at2ed.jp/mak/makerDetail.php/companyid/M0783/ckana/6.
是枝喜代治（2022）：知的障害のある子への発達段階に合わせた学習課題．特別支援教育の実践情報，38巻1号.
KOREEDA Kiyoj, NEMOTO Fumio, YAMAZAKI Michiko (2018)：Focusing on the Current State of Special Needs Education in Japan and the Utilization of Handmade Teaching Materials, pp.20-48, IKUTA Shigeru (Ed)：Handmade Teaching Materials for Students With Disabilities, IGI-Global.

（是枝喜代治）

目　次

国語

算数・数学

学習課題100

01 デジタル絵本で物語を読もう

〔知識及び技能〕イ㋐㋓

〔思考力，判断力，表現力等〕Ａ聞くこと・話すことア，Ｃ読むことア・イ・エ

（菅原慶子）

絵本スライドショー画面

絵本スライドショー画面

指導のねらい

デジタル化された絵本に注目したり，読み聞かせを楽しんで聞く。自分で操作して絵本を自由に動かし，さらに興味を深める。

指導の流れ

①授業の最後に絵本を読む約束をして授業を開始する。授業の流れは絵カードで示す。

②大画面による絵本を読み聞かせる。

〈一回目〉絵本を読み聞かせながら教師がスライドショーを進めていく。

〈二回目〉途中途中で注目ポイントや登場人物などを拡大し，名前や動作の確認をする。動きがある場面では画面を揺らしたり拡大縮小を繰り返し，児童の反応を見る。

〈三回目〉教師の読み聞かせに合わせて，タブレット端末を児童に操作させる。読み終わったタイミングを伝え，ページをスワイプして替えてもらう。タイミングがわかり，児童がページを替えることができるようになれば，教師は離れて読み聞かせをする。

手立て

・児童の実態に合った絵本を１ページずつタ

ブレット端末で撮影し，トリミング（切り抜き）加工して保存しておき，写真アプリで順番に見せていく。絵本ごとに写真をまとめてタイトルをつけ，アルバムで保存しておくと便利である。プレゼンテーションアプリなどを使用して切り替えやアニメーション加工をするとさらに児童の注目度は上がる。絵本の時間を授業の終わりに位置付ければ，それまでの活動の意欲付けにすることができる。

・知的障害特別支援学校で使用できる既存のデジタル教材はあまりないため，児童の実態や人数，教室の大きさなどに合わせて自作で簡単に絵本をデジタル化し，パソコンやテレビ，電子黒板，大型投影機などの視聴覚機器で活用することもできる。実物の絵本も併用することで本の良さも感じつつ，ICT機器を活用すると良い。児童同士がペアになり，読んだりページを替えたりできることが指導の最終目標であるが，何より児童の自信につながるものにしたい。

02　思い出かるたをつくろう

〔知識及び技能〕ア(イ)
〔思考力，判断力，表現力等〕Ａ 聞くこと・話すことア，Ｂ 書くことア

（菅原慶子）

指導のねらい

　自分たちの写真を見て過去を想起したり，思い出をことばにすることができる。また，「取り札」や「読み札」として形に残してゲームをすることでより深い記憶として残す。

指導の流れ

①行事や学校生活の写真を大きな画面上でスライドショーにして表示する。「何の写真だったかな」「運動会！」「ダンスした」などエピソードを引き出しながら１枚１枚の写真を児童に印象付けるよう話を盛り上げる。

②スライドショーと同じ写真を事前にインデックス印刷して，お気に入りの写真を選ぶ。

③写真ごとに簡単な文章を考えていく。五十音表の音に当てはめ，印を付けていく。選んだ写真は後日印刷してカードにしたものに文頭の一字を書き入れた白丸シールを貼る。読み札は平仮名を書ける児童がいれば，手本を示して作成させても良い。

④10枚程できたらかるた遊びをする。枚数を徐々に増やし，五十音分できれば完成。

⑤授業の終わりに「お楽しみタイム」として『思い出かるた』で遊ぶ。

手立て

・自分の登場している写真には大きく関心を示すが，先生や友達の様子にも興味を示せるよう楽しい写真解説をする。色々な季節の行事や活動が盛り込めるよう長時間かけてかるたづくりをすることもあるが，前年度の写真を使えば作成しやすい。

・学級の人数や実態に応じて提示する写真や選択する写真の枚数を決めていく。一度にあまり多くの写真を見過ぎると興味が薄らぎ，適切に写真を選択することができなくなるので，適度な枚数を提示する（10〜20枚程度）。

・ある程度文章の見当を付けて写真を選んでおくと五十音に当てはめやすい。読み札の作成は，集団の実態に応じ，児童たちの発言を生かして教師が文章をまとめる。

・完成までに時間がかかるので10枚できたら遊んでみる。少ない枚数でのかるたゲームであれば短時間でできるので，授業の終わりのお楽しみとして取り組みやすい。

国語

算数

03　インタビューしてみよう

〔思考力，判断力，表現力等〕A 聞くこと・話すことイ・ウ，C 読むことウ

（菅原慶子）

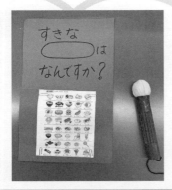

指導のねらい

　人とのやりとりを一定のルールの中で繰り返し，相手を意識して話をしたり，話を聞いたりする会話の基礎的な力を身に付ける。

指導の流れ

①じゃんけんをして，質問する人（インタビュアー），質問される人（インタビュイー）を決める（勝った人がインタビュアー等）。

②インタビュアーが複数枚ある質問カードから1枚を引き抜き，イラストや文章を見て今日の質問を確認する。

③質問カードとマイクを持って「すきな○○はなんですか？」とインタビューし，自分が話す時は自分にマイクを向けるよう促す。

④話を聞く時には，インタビュイーにマイクを向けるよう補助する。

⑤インタビュイーはマイクに向かって好きなものをことばで答えるか，インタビュアーが持っている質問カードのイラスト一覧から選択して指さしで伝えるよう促す。

⑥一通りインタビューが終わったら，役割を交代し，②から繰り返す。

手立て

・インタビュアーを決める手立てはじゃんけんに限らず，サイコロやあみだくじ，輪番制にするなど，児童の実態に合わせて設定しても良い。できる範囲で複雑な手続きにすればするほど児童の興味を引き付ける。

・質問カードは「どうぶつ」「おやつ」「くだもの」「のりもの」といった大きなカテゴリーの内容にする。質問の手本の文章を入れ，イラストでも理解できるようにする。

・「すきなもの」は尋ねやすく答えやすい質問なので，導入段階においては流れや内容を固定し，パターン化して進めるのが良い。

・話し手にマイクを向けるのは，話すこと聞くことをより強く意識するためである。マイクを向けられた人は「話をする」，マイクを向ける人は「話を聞く」ということを明確にするものである。

・答えが思いつかない場合は，質問カードのカテゴリー分けしたイラスト表を提示し，選択してもらう。文章も見せると，文字が読める児童は読んで理解することもできる。

04　絵のように文字を書こう

〔知識及び技能〕イ(ウ)(ア)(イ)
〔思考力，判断力，表現力等〕B 書くことイ

（菅原慶子）

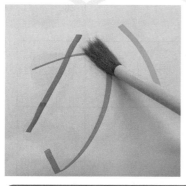  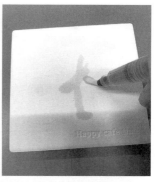

指導のねらい

　遊びの延長で楽しく文字とふれあい，文字を書く楽しさを味わう。筆で絵を描くように文字を書くことで，文字への興味関心を高め，文字を書いてみたいという意欲を持つ。

指導の流れ

①五十音の平仮名を「あ」から順番に一文字ずつ黒板に大きく書き示す。文字を読み上げながら乾いた筆で文字をなぞり，文字の音や形，筆の動きに注目させる。

②発音の口形を見せながら一文字の発音をリピートさせる。

③A4の用紙に文字を印刷し，準備しておく。黒板に書いたものと同じ文字のプリント1枚と乾いた筆を1本ずつ児童に渡し，机上で文字の上を筆でなぞらせる。何度か練習した後，児童に黒板の文字をなぞらせる。上手くなぞれたら称賛する。一度の授業で3～5文字程度練習する。

④一人1本の水筆ペンを渡し，5cm×5cm程度の珪藻土コースターの上にプリントと同じ文字を書くことを伝える。

手立て

• 文字は書き順がわかるよう一画ずつチョークで色分けして書く。さらに，一文字として認識できるように筆でなぞって見せる。筆は毛先が動くので流れが意識しやすく，毛先に注目することで，書字の初期段階においては運筆の技術を身に付けやすい。

• ことばの出ない児童でも，一音ずつだと比較的発音を模倣しやすいと思われる。

• 宙に空文字を書くことで文字を書く動作が身に付く場合もあるが，視覚的に残らず，意味を理解することが難しい。黒板の文字を乾いた筆でなぞらせて粗大運動で身に付けることと，視覚的な記憶との双方を使えるようにしたい。黒板を見せて，手元で作業し，また黒板で作業することで単純ではない繰り返しが効果を上げると思われる。

• 筆ペンは鉛筆やマジックよりも筆圧の調整が身に付きやすい。普段使い慣れない道具だからこそ集中が必要になる。筆ペンを持たせる前の練習として100円ショップでも購入できる水筆ペンはとても効果的である。

05　しりとりゲームでつながることば

〔知識及び技能〕ア(イ)，イ(イ)
〔思考力，判断力，表現力等〕C 読むことア

(菅原慶子)

  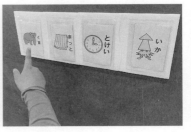

指導のねらい

　単語を一文字ずつに分解することで，文字が集まって単語を形成していることを知る。同時に，しりとりと同じようにイラストカードをつなげることで，同じ文字を意識して，しりとりゲームに発展させることができる。

指導の流れ

①イラストカード「くま」「まっと」「とけい」「いか」で単語と文字を１枚ずつ確認する。

②１枚目「くま」のカードを黒板に貼り，最後の文字ま を強調する。

③単語の最後の文字ま が付くカードを探す。「まっと」を見つけたら称賛する。

④「くま」のカードにつなげて「まっと」のカードを貼り，ま の字が同じであることを確認する。正しい答えであればカードの側面同士がピッタリ合うようにしておく。

⑤「いか」までカードを貼って全てのカードがきれいに揃ったら次の児童と交代させる。

手立て

・カードの題材は身近なものや，児童が慣れ親しんでいるものを用いるのがよい。枚数も実態に合わせて準備するが，最後にん が付くものが来るようにすると，同時にしりとりのルールを教えることができる。

・最後の文字と最初の文字に注目し，文字が同じであることに気付くよう強調して発音したり，文字を色ペンで囲ったりする。

・カードがつながって見えるよう，発砲ボードをパズル状にし，形が合うように工夫した。このようにパズル化したり，電車の車両のように連結させるなど児童の実態に応じて提示の仕方を工夫するのが良い。また，単語を簡単に取り換えられるようボードの上に透明袋を貼り付けてネームプレートのように入れ替えできるようにした。

・カテゴリごとではなく，ランダムにカードを使うことで，念頭操作で文字を考える実際のしりとりゲームにつなげていきたい。カードなしのしりとりゲームに発展させる時には，児童の実態に合わせ，ゆっくり進めることが望ましい。児童にとって難しい題材であると思われる場合でも，他の児童と一緒に楽しんで参加することで力が付いてくる。

06　学校の勉強（なまえ）を知ろう

〔知識及び技能〕ア（ア）
〔思考力，判断力，表現力等〕C 読むことア・イ

（菅原慶子）

活動のイラスト

学級全体のスケジュールボード　　　　　　　　　　　　　　　　　　　個々のスケジュールカード

指導のねらい

　知っていることと絵や話を結び付けることができる。学校生活への興味・関心を引き出し，学校生活で使う教科の名前等を覚える。

指導の流れ

①電子黒板で１日の流れに沿った写真を見る。日常生活の様子を大画面で映し出す。

②場面ごとに活動の説明をする。学校生活の写真をみんなで見合いながら，児童の自由な発言も取り入れてしっかりと印象付ける。

③活動ごとに「たいいく」「こくご」「せいたん」などの名前があることをことばとイラストカード，文字カードを使って伝える。

④印刷した写真とイラストカード，活動名（教科名）を台紙に貼り付け，スケジュールカードを作成できるよう準備して選択させる。

⑤日々のスケジュール確認で個人用として活用できるように，場と時間の設定をする。

手立て

・画像データを使い，大画面で写真を見せる。写真はできるだけ自分たちの活動場面を撮影しておく。経験していない活動については，前年度以前の画像データを使用する。

・わかりやすく端的に写真の説明をし，経験した場面を想起させる。経験がない場面でも，写真に知ってる顔や場所があれば話題が広がる。児童の自由な発言場面では，適切なことばが使えない場合もあるが，意を汲んで「こういうことかな」と言い換えてあげる。自分の発言が取り入れられることで写真の場面がより意味付けされる。

・児童によって情報の取り入れ方が違うことに配慮して，教科名や活動ごとの名称を音声とイラストと文字で示す。さらに情報の不足がある場合には具体物の提示やジェスチャーサインなども試してみる。

・印刷した写真を順番に示し，カード型に裁断した厚紙や発泡ボードなどに貼り付けていく。

・「朝の会」や「帰りの会」でスケジュールカードを提示する。学校生活に見通しを持てるよう，次の活動に移る時には個々のカードを確認できるようにする。

国語

算数

07　ビンゴ！くだものの名前を当てよう

〔知識及び技能〕ア(ア)(イ)
〔思考力，判断力，表現力等〕Ｃ読むことア・イ・ウ

（菅原慶子）

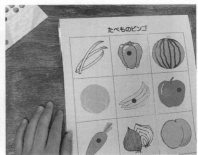

指導のねらい

　同じイラストを見つけたり，音声とものを結び付けることでものには名前があることや文字が事物を表していることを感じる。また，ビンゴカードを使うことでルールのあるビンゴゲームにもつなげていく。

指導の流れ

① くだものカード３枚（すいか，いちご，ばなな）を黒板に貼り付けて，１枚ずつ名前を確認し，カードの上に大きな文字で板書していく。その後，カードを外して児童にカードを渡す。カードを正しく貼れるようになったら，場所を変えて文字とカードのマッチングができているかを確認する。

② ビンゴカードを渡し，イラストを一緒に見ておく。教師がくじを引き，最初は音声のみで次はイラストも提示し名前を伝える。同じイラストを見つけたらシールを貼る。９個のイラスト全てにシールが貼れたら「ビンゴ！」とコールして終わりにする。

手立て

• くだものカードは簡単なものから「ぱいなっぷる」「ぱぱいや」などの文字数の多いものや聞きなれないものなどを20枚ほど準備しておいて，児童の様子を見ながら難易度を変える。児童の興味・関心や理解度によっては「どうさ」「きもち」などのカードを作成してもよい。文字が集まってものの名前になることに気付けるよう，ゆっくりとした動作で児童の様子を観察しながら板書する。

• 九分割の枠にランダムにくだもののイラストを入れたものを作成しておく。１枚ずつカードの配置や種類を変えて，一人一人の持ちカードが違ったものになるようにしておく。イラストは①のカード同様「くだもの」「どうぶつ」「どうさ」など，児童の日常生活でもよく目にする身近なものにする。同じイラストを使ってくじカードを作成するが，くじカードには平仮名でものの名前も入れておく。理解の方法が，音声なのか，文字なのか，またはイラストなのかがわかるように一つ一つ提示して児童の様子を観察する。

08　だれだろう？なんだろう？

〔知識及び技能〕ア(イ)
〔思考力，判断力，表現力等〕C 読むことウ

（菅原慶子）

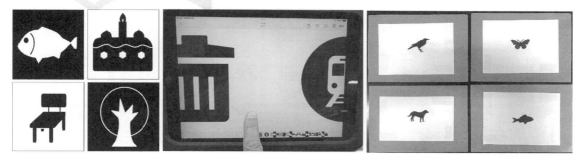

幼児用視力検査のイラストカード

指導のねらい

　身近な事物のシルエットだけを見て何であるか考えることにより，具体物と抽象画を結び付ける感覚を身に付ける。また，街にあふれるピクトグラムの理解につなげる。

指導の流れ

①授業の導入やまとめの時間または校外学習の事前学習などの際にフラッシュカードの手法でタブレットの画像を見せる。画像は動物や植物，事物などのシルエットで，画面に次々と映し出す。

②「さかな」「とり」「ねこ」などのカテゴリーの総称や一般名称を答えるよう促す。

③回答は音声の他，児童によってはイラストカード，文字カードのいずれかを選択することも可とする。

④音声で答える児童には大きな声で答えること，カードで答える児童には前に向けて掲げることを伝えておく。

⑤徐々に画面切り替えのスピードを速める。

⑥全員の答えが完全に一致するようになったら，別の画像（５枚程度）に切り替える。

手立て

・フラッシュカードは児童の実態に合わせて内容や捲る速さを変えることができ，授業の導入やまとめに上手く取り入れると効果が実感できる。

・最初はカテゴリーごとのカードを準備するが，徐々に知っていそうな動物・植物や気持ちのカードなども使って語彙数を増やす。

・発語のない児童でも回答できるようイラストや文字のカードを準備する。

・回答の仕方は，ルールを決めていつでも安定して取り組めるようパターン化することが望ましい。他の場面でもルールが明確であれば，間違った判断をして注意されることを減らすことができる。

・タブレットを使用すると写真をスワイプしてフラッシュカードのように見せることができる。児童は素早くめくられるとゆっくりめくっていた時の数倍集中を増すから不思議である。

・児童の実態に合わせて回数を調整し，語彙数をどんどん増やしていきたい。

国語
算数

09　仲間集め

〔知識及び技能〕ア㋐
〔思考力，判断力，表現力等〕C読むことウ

（菅原慶子）

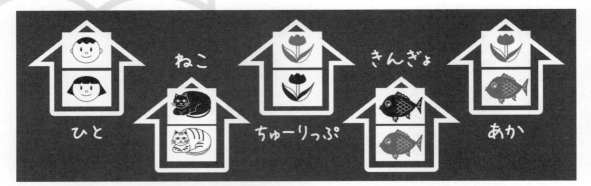

指導のねらい

　色や種類など，カテゴリーを分けることの意味がわかり，変化する条件に素早く対応する思考の柔軟さを身に付ける。

指導の流れ

①「きんぎょ」「ちゅーりっぷ」などの数種類のイラストが入ったカードを色も変えて提示し，児童と一緒に１枚ずつ絵カードを確認する（「赤いチューリップだね」など）。

②黒板に大きな家の枠を描き，家に「ひと」「ねこ」などと使用するカードによってタイトルを付ける。答える児童の実態によってカードの枚数を調整する。

③カードと名前を見比べながら，関連していると思われる家の枠内にカードを貼り付けるよう促す。文字が読めない児童が回答者の場合は家のタイトル名を読み上げる。

④手持ちのカードを全部貼り終えたら，全員で回答を確認する。

手立て

・イラストカードは単純明快で誰にとってもわかりやすいものが良い。作成する場合は手描きでも印刷したものでも，ラミネート加工をして裏にマグネットを付けておく。はじめに児童に何のカードなのかを問いかけて，集団の実態を掴んでおく。

・家の枠を紙板書にする場合もあるが，黒板にチョークで書いていく過程を見せることで，児童たちの注意をより引き付けられる。家の枠や手持ちのカードは，回答する児童一人一人に合わせてその種類や数を調整し，正解できるように配慮する。

・カテゴリーを理解するためにどのような入力情報が有効か，事前にじっくり観察しておく必要がある。「音声」なのか「文字」なのか，または「イラスト」なのか「写真」なのか，個々の持っているコミュニケーション手段によっても理解の仕方が違ってくる。

・挙手して指名されたら黒板前に出てきて回答する。回答し終わったら「これでいいですか」とみんなに聞いてみるというルールを作り，一斉授業の中でルーティン化していく。

10　○○をたくさんあつめよう

〔知識及び技能〕ア(ア)(イ)，イ(ウ)(ア)
〔思考力，判断力，表現力等〕Ａ聞くこと・話すことア・イ，Ｂ書くことイ

（鎌田亜希子）

単語カード一致

文字カード一致

なぞり書き

釣りゲーム

＊くもん出版「くもんの生活図鑑カード　生活道具カード」を使用

指導のねらい

日常生活で児童が見たり使ったりするものの名称を聞いて絵カードを選んだり見て名称を答えたりし，絵カードと単語カードを一致させられることがねらいである。また，文字カードを並べたりなぞったりして，文字への意識を高めたい。

指導の流れ

まず，絵カードを見せ，「これはなにかな」とクイズを出す。児童の発言を聞き，称賛する。カードを黒板等に掲示し，カードの下に名称を書いて示す（一度に三つ程度扱う）。

次に，絵カードと単語カードを一致させる，単語カードを見て文字カードを並べる，平仮名をなぞる順番で発展させながら課題を提示する。児童が名称を書いた用紙を箱に入れ，釣りの準備を指示する。

箱から児童が名称を書いた用紙を１枚取り出し，児童に読むよう促す。「はし。はしはどこかな」などと伝え，何を釣るかがわかるようにする。

最後に，釣った絵カードを児童が黒板等に貼り，名称を話したり数を数えたりするよう促して振り返りを行う。

手立て

取り扱うことばは，児童が日常の学校生活の中で見たり使ったりしている身近なものや，絵本に出てくる動物や食べ物などから始めていく。単元名はそれに合わせて「動物をたくさんあつめよう」などにする。

指示に応じて行動する経験ができるように，「カードを黒板に貼ります」「カードを床に並べます」など，決まった指示を毎時間繰り返す。指示は３語から４語で構成する。

釣りの準備が自分でできるようにセットしておく。釣り竿に大きめの磁石，絵カードには大きめのクリップなどを付けると釣りやすい。

釣りあげる絵カードは前時の学習も扱い，学習したことばに繰り返し取り組めるようにする。実態に応じて，誰が多く釣れるかなどの競争要素を入れて行う。

国語

算数

11　みんなのからだ

〔知識及び技能〕ア(ア)(イ)，イ(イ)
〔思考力，判断力，表現力等〕A聞くこと・話すことア，B書くことイ

（鎌田亜希子）

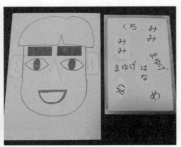

福笑い

体の部位プリント

指導のねらい

　自分や友達の名前，体の部位の名前を聞いたり話したりし，絵と文字を一致させたり平仮名を読んだりすることがねらいである。また，習った名前の平仮名をなぞったり書いたりできるように発展させたい。

指導の流れ

　毎時間の授業の導入として，イギリス民謡「あたま　かた　ひざ　ポン」の歌遊びで歌詞に合わせて体の部位を触ったり「ポン」で手を合わせたりして楽しむ。「ひじ」や「まゆげ」などに変えて発展させても良い。

　福笑いのように，目や口などの顔の部位の絵カードを顔に置くよう指示をする。「目はどこかな」「次は口」などと一つずつ課題を出す。

　「め」「くち」などの文字カードを絵カードに合わせて置くよう指示をする。「はじめはこれ」と言ってカードを見せる。児童の発言を待ったり，「め」と読んだりしてカードを渡す。

　同様に体の部位プリントを使用して文字カードを一致させたり，自分や友達の顔写真と名前カードを一致させたりと課題を追加しながら繰り返し学習する。

　絵と文字カードを一致させることができるようになってきたら，文字カードのみで福笑いをして楽しんだり，平仮名をなぞったりする活動に発展させる。

手立て

　歌遊びは，最初はゆっくり歌って児童がしっかりと教師の動作を真似できるようにする。徐々に速くしたり，オーディオの歌声に合わせたりするなどの変化を加える。

　福笑いに使用する目や口の文字カードは，目の形のカードに「め」と書くなど，一致させるヒントとなるようにしたり，マス目が付いたカードに「め」と書いたものにステップアップさせていったりと少しずつ難易度を上げていく。

12　クイズにチャレンジ　めいたんてい

〔知識及び技能〕ア(ア)(ウ)
〔思考力，判断力，表現力等〕A聞くこと・話すことア，C読むことア・エ

（鎌田亜希子）

iPad　ウサギの耳拡大

iPad　クイズの答え

クイズ画像と文のマッチング

指導のねらい

　絵や写真に注目して，身近な人とのやりとりの中で，質問に対する答えを思い浮かべたりことばや動作で表現したりすることがねらいである。自分が感じた気持ちが相手に伝わることを感じ，動詞や形容詞，助詞などのいろいろな種類のことばを聞くこともねらっている。

指導の流れ

　単元の導入として，『ね，ぼくのともだちになって！』（エリック・カール，偕成社）の読み聞かせをする。読み終わったら，「いろんなしっぽがあったね。」「何のしっぽが好きだった？」などと発問し，児童の表現をことばにして返す。

　iPadや電子黒板を使用してクイズを行う。クイズの答えである画像をピンチアウトして一部分を拡大提示する。クイズ問題を話したら，ピンチインして全体像に近付けていく。児童がことばや動作で表現したことを取り上げながら行う。拡大し終わったら，答えの文を提示して読む。

〈クイズ1「何の何」（例「うさぎの耳」）〉
耳を拡大し「これは何ですか」「耳ですね。何の耳かな」と質問。

〈クイズ2「どんな何」（例「青い車」）〉
青い一部を拡大し「何色ですか」「青ですね。青い何かな」と質問。

〈クイズ3「何をしている」（例「本を読んでいる」）〉顔だけ提示して「何をしているのかな」と質問。

　まとめとして，今日のクイズの画像と提示した文のマッチングを行う。

手立て

　クイズの課題は，児童がわかる身近なもの，興味のあるものを取り上げる。画像は，児童がその事柄に注目できるように背景などのないシンプルなイラストにする。ピンチインして全体像を見せていく時は児童の様子を観察しながらスピードを調整したり，「何かな何かな」「大正解！！」などと語りかけたりする。答えを黒板等に提示する際は，答えの画像と文を一緒に提示する。まとめの際は，文を読み上げてから文の短冊を児童に渡す。

国語

算数

13　どうぶつごっこをしよう～てぶくろ～

〔知識及び技能〕ア(ア), イ(エ)
〔思考力, 判断力, 表現力等〕A聞くこと・話すことエ, C読むことア・エ

（鎌田亜希子）

絵カードや役名カードに

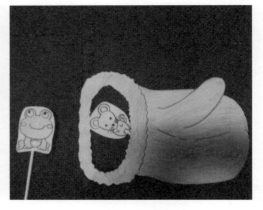

ペープサートで劇遊び

指導のねらい

　絵本の読み聞かせに親しみ, 登場人物になりきって「いれて」「どうぞ」などの台詞を模倣することを通し, やりとりのことばや表現に慣れることがねらいである。登場人物の動作をイメージして表現したり, 物語の好きな場面を伝えたりする姿も引き出したい。

指導の流れ

　ウクライナ民話『てぶくろ』（エウゲーニー・M・ラチョフ絵, うちだりさこ訳, 福音館書店）の読み聞かせをする。

　どんな動物が登場したか児童に発問する。児童の発言を聞き, 「そうだね。ねずみ」「それから？」「ぴょんぴょんなんだっけ？」などと復唱したり答えを引き出したりする。

　絵本を見ながら登場した動物を確認する。「ぴょんぴょんがえるってどんな感じかな。やってみようか」などと発問し, 児童同士で表現を見合ったり, 教師の真似をしたりする。

　劇遊びの準備として, 動物の名前を書いたり塗り絵をしたりする活動を設定する。

　配役を決めて劇遊びをする。児童が名前を名乗ったり, 「いれて」「どうぞ」のやりとりをしたりできるように, 場面練習, 通し練習と段階を設定して行う。

　ゴールとなる発表の場を設定する。

手立て

　読み聞かせは, 児童が絵や文字に注目しやすくするため, オーバーリアクションにならないように注意する。

　絵本を拡大したり, 大型紙芝居やペープサートを作成したり実態に応じて工夫する。

　登場した動物を確認する時は, イメージする動物がわかるように, 絵本の中の動物を指し示したり, 1匹ずつの絵カードを提示したりする。また, 児童の表現を捉え, 他児が注目できるよう声かけする。

　劇遊びの時は, 世界観を楽しめるように, 児童が入れる大きさの手袋（段ボールや布等で作成）を設置するなど工夫する。

14　えをならべよう〜おはなしつくり〜

〔知識及び技能〕ア(ア)(ウ)
〔思考力，判断力，表現力等〕A聞くこと・話すことア・ウ・エ，B書くことア，C読むことイ

(鎌田亜希子)

走る　転ぶ　泣く　　　日常生活場面カード４枚　　　　　　　　行事の思い出写真６枚

指導のねらい

　場面の絵を見比べて登場人物の様子や行動の違いに気付いたり，時間の経過を捉えたりできることがねらいである。また，挨拶などの日常生活でやりとりする時のことばを想起したり話したりできるようにしたい。

指導の流れ

　導入として例題でやり方の確認をする。一連の場面が書かれた３枚のカード（「走る」「転ぶ」「泣く」）を提示する。

　１枚ずつ取り上げて，「何をしている絵かな」と考えさせる。児童のことばや動作での表現を取り上げて，「これは走っているね」「これは泣いているね」と場面を確認する。

　「どれから始まるかな」と順番を考えさせ，「はじめに走っている絵，次に転んでいる絵，最後が泣く絵だね」と時間の経過を表すことばを使って確認する。

　次の課題を提示する。児童が自分で考える時間をとり，児童が並べた絵カードを一緒に確認する。「はじめに」「次に」などと時間の経過を表すことばを意図的に添えて，児童が考えたお話を引き出す。

手立て

　発音が明瞭でなかったり，動作で表現したりすることも予想されるが，表現しようとすることを汲みとって教師がことばにして返す。言い直させることなどはせず，伝わる経験を十分に楽しめるようにする。

　並べる順番が違う時は，絵カードを見比べて様子や行動の違いに着目させる。

　簡単な３枚から始めて，カードの数を増やしていく。

　扱う題材は，身近な事柄から選ぶ。絵に合う挨拶などを想起させるようにする。

　行事の写真を見て順番に並べる，絵本の読み聞かせを聞いて場面の絵を並べるなど，実態に応じて課題を発展させる。その際は，楽しかった場面や好きな場面を選ぶ活動を設定したり，その時の気持ちを聞いたりする。

国語

算数

15 おべんとうばこのうた

〔知識及び技能〕ア(ア)(ウ), イ(イ)
〔思考力, 判断力, 表現力等〕A聞くこと・話すことウ, B書くことア, C読むことア

（鎌田亜希子）

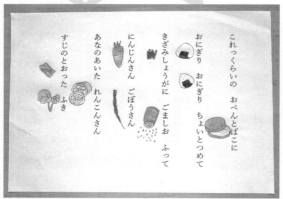

全体提示

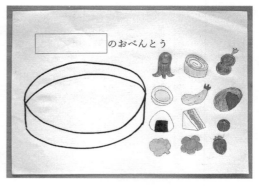

ワークシート

指導のねらい

わらべ歌「おべんとうばこのうた」を通してことばによるいろいろな表現に触れたり, 自分でも表現したりすることがねらいである。また, 自分の経験から好きなお弁当を思い浮かべたりことばで表現して伝えたりすることもねらっている。

指導の流れ

はじめにお弁当の絵を提示して「おいしそうだね」「どれが食べたい？」などと語りかける。児童の発言や指さしなどを取り上げてやりとりする。

「おべんとうばこのうた」を歌いながら, 一度動作の見本を見せる。

> これっくらいの　おべんとばこに
> おにぎり　おにぎり　ちょいとつめて
> きざみしょうがに　ごましおふって
> にんじんさん　ごぼうさん　あなのあいた
> れんこんさん　すじのとおったふき

歌詞を黒板などに掲示し, 「『おにぎり』だからにぎるよギュッギュッ」「『ごましおふっ

て』パラッパラッ」などと動作を確認する。

教師がゆっくり歌いながら児童の動作を引き出し, 手遊び歌を楽しむ。

「ありさんのお弁当はどのくらいかな」「ぞうさんは？」など, 大小の動物を例に出して, お弁当の大きさを考えて動作で表現させる。小さな動作や大きな動作で歌を楽しむ。

発展として, 児童の好きなおかずを考えたり発表したりする。動作も考えて替え歌を楽しむこともできる。

ことばと動作表現に十分親しめるように, 何時間か繰り返す。絵本の読み聞かせ, ペープサート, 文字をなぞる, 書くなどの学習と組み合わせて授業を構成して行う。

手立て

掲示する歌詞は, 語のまとまりとして見やすいように, 語と語の間は空ける。また, 語をイメージしやすいように, 絵も提示する。

伝えたいことを考えたり表現したりする手がかりとなるよう, 遠足などの行事写真や, お弁当のイラストなどを準備する。

16　かいてあそぼう〜なみなみぐるぐるいろんなかたち〜

〔知識及び技能〕イ⑦⑦⑦
〔思考力，判断力，表現力等〕A聞くこと・話すことイ，B書くことイ

（鎌田亜希子）

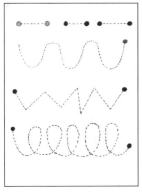
なぞりがき

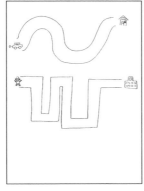
迷路

指示に従って結ぶ

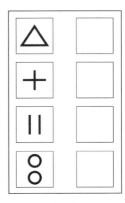
形の模写

指導のねらい

　書くことへの興味や関心をもち，いろいろな線のなぞり書き，迷路，線結び，形の模写をすることを通して，始点と終点を見たり，運筆したりすることに慣れることがねらいである。

指導の流れ

①なぞりがき

　横直線→縦直線→横なみなみ→縦なみなみ→横ギザギザ→縦ギザギザ→丸，三角，四角→横ぐるぐる→縦ぐるぐる。

②迷路

横直線→縦直線→横なみなみ→縦なみなみ→横ギザギザ→縦ギザギザ→丸，三角，四角→横ぐるぐる→縦ぐるぐる。

③指示に従って結ぶ

　４点または６点のそれぞれの点に描かれている絵の名前を確認する。「バナナからいちご，いちごからみかん」などと指示を出す。

④形の模写

　横線，縦線，丸，三角，四角，十字など。

手立て

　筆記具は，クレヨンやフェルトペン，鉛筆などといろいろ用いて書く楽しさを味わえるようにする。鉛筆は６Bの三角鉛筆や鉛筆グリップなどを使用すると持ち方を意識しやすく，持つ力が弱くても濃く書くことができる。

　課題プリントは，市販のものでもよいが，児童によっては課題が多すぎたり形が小さすぎたりするので，児童の実態に合わせて１枚に入れる課題の数や大きさを調整して作成すると「できた」「楽しい」につながる。

　始点と終点を意識できるように，シールを貼ったり，場所をさして「ここから始めます。用意，スタート」などと話したりする。

　児童によっては，腕や手に添えて動かし方を誘導する。また，「ぐるぐる」「なみなみ」などと動きに合わせて声かけする。

国語

算数

17　つくってあそぼう　かるたとり

〔知識及び技能〕ア(イ)，イ(ウ)
〔思考力，判断力，表現力等〕B書くことイ

（鎌田亜希子）

書き方練習プリント

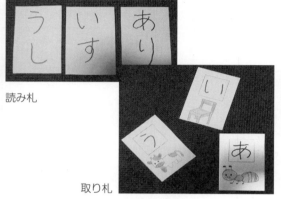

読み札

取り札

指導のねらい

　日常生活で見たり使ったりする身近なものの名前を表す平仮名を読んだり，なぞり書きしたりできることがねらいである。また，文字の形を意識し，正しい書写の姿勢や筆記用具の持ち方を体験的に理解できるようにする。

指導の流れ

　はじめに，本時で扱う平仮名を１字ずつ提示する。「読めるかな」などと発問し，読み方を確認して発声を促す。

　書き方の手本を見せる。始点と終点に注目させながら書き順を確認する。

　児童に平仮名が書かれたプリントを渡し，指でなぞるように指示する。iPadのアプリを使用してもよい。指なぞりが終わったら，筆記用具で書くように指示する。

　かるたに書くことばを考える。「『あ』が付くもの教えて」などと発問し，いくつかの絵カードを見せながら，児童の発言を引き出す。絵カード以外に発表したことばも黒板等に書いて示す。

　かるたに書くことばを決めるように促し，「いよいよ本番です。きれいに書きましょう」などと姿勢や持ち方に意識を向ける。

　かるた用紙（厚紙）を配り，始点終点や書き順を確認したり見守ったりする。

　完成したかるたを並べてかるたとりをする。読み手の児童と読み方を確認したり，読み札を提示して「○○どこかな」などと声かけしたりする。

手立て

　マス目の大きさや筆記用具を工夫する。

　文字の形を確かめながら書写できるように，始点と終点にシールを貼ってわかりやすくしたり，「下へ行ってチョン」「くるりんぱ」などと腕の動きに合わせて伝えたりする。

　正しい書写の姿勢や筆記用具の持ち方がわかるように，絵やことばで示したり足型を置くなどと具体的に示したりする。

　読み手の児童が読むことが難しい際は，取り札の文字と絵をヒントにするよう促したり一緒に読んだりする。

18　がっこうにあるマークをみつけよう

〔知識及び技能〕ア(ウ)，イ(エ)
〔思考力，判断力，表現力等〕C読むことウ

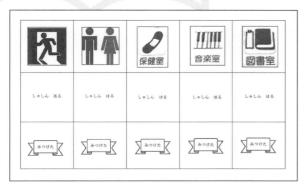

マーク探しのワークシート

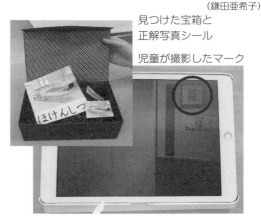

（鎌田亜希子）

見つけた宝箱と
正解写真シール

児童が撮影したマーク

指導のねらい

　学校内や登下校などで見かけるシンボルマークや標識の図柄や色に気付き，図柄からマークが示す場所や意味を考えたり，信号の色の意味がわかって行動したりすることがねらいである。表示には意味があることや，さまざまな表示があることに気付かせたい。

指導の流れ

　はじめに，校内にある場所を意味するマークを五つ程度提示する。「見たことはありますか」「これはなんだろう」「どうしてそう思うの」などと発問し，児童の発言を取り上げる。マークに対して児童が予想する場所や理由を黒板等に書く。

　実際に校内を回ってマークを探す。事前に各場所の写真シールを設置しておき，見付けたらワークシートに正解シールを貼り付けるように指示する。また，実際のマークと場所の写真をiPadで撮影するよう促す。回っている際に，児童が他のマークを見付けた時は，それも撮影するよう促したり「これは何のマ

ークかな」と発問したりし，他のマークに気が付いたことを称賛する。

　教室に戻って振り返りをする。黒板等に提示したマークと合うように場所の写真を貼るよう指示し，予想と比べる。また，他に見つけたマークを電子黒板で紹介し合う。

　学校付近の写真を電子黒板で提示し，学校の外にもマークや標識があることに気付かせたり，信号を拡大して色に注目させて色の意味を確認したりする。

手立て

　マークから場所をイメージしやすいように，保健室や音楽室，トイレやエレベーターといったわかりやすいものを選ぶ。

　興味を持って取り組めるように，見つけた時に正解シールを保健室の先生からもらえたり，宝箱に入れておいたりと工夫する。

　学習したことが深められるように，交通安全教室や校外学習などの前にこの学習を配置する。また，図書室を利用してマークの図鑑などを紹介する。

国語

算数

19　五十音表から単語をつくろう

〔知識及び技能〕イ(イ)

（小島久昌）

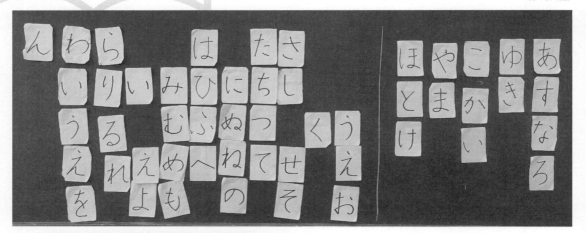

指導のねらい

平仮名の五十音表を活用して，平仮名を組み合わせて単語をつくる活動を通して，ことばへの関心を高めるとともに，語彙を広げる。

指導の流れ

(1)以下の基本的な学習活動について説明

①１枚につき平仮名一つを書き，裏にマグネットを貼った平仮名カードを黒板に五十音順で並べる。

②思い付いた単語について平仮名カードを組み合わせて黒板に貼る。

(2)児童の実態に応じた次の指導段階を適用

①同じ文字の平仮名カードを複数枚用意して，何度使用してもよい。

②各文字の平仮名カードは１枚に限定して，単語づくりを続ける。

③新しい単語ができなくなった時の残った平仮名カードの数を記録する。残りのカードを少なくする努力をする。

④チーム対抗戦にして，残った平仮名カードの数が少ない方のチームが勝ちというルールで楽しむ。

⑤チームではなく，個人戦にして単語づくりを楽しむ。

(3)他活動への展開

①片仮名の五十音表で同様の活動をする。

②学習した漢字カードで同様の活動をする。

③外国語活動で，１枚に英字一文字を書いた英字カードを使用して同様の活動をする。

手立て

• 児童が選んでつくった単語の意味は，児童本人か教師が説明して，語彙が広がるようにする。

• 学習方法に慣れてきたら，国語の授業の導入場面で取り組むようにする。

• 平仮名カードなどは，板目紙のような硬い紙で作成すると児童が操作するのに扱いづらくなるため，白上質紙などで作成するようにする。

20　文字つなぎしりとり

〔思考力，判断力，表現力等〕A聞くこと・話すことイ

（小島久昌）

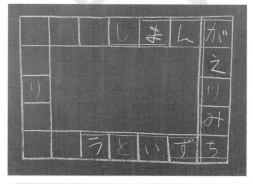

> しま
> →まんが
> →かえりみち
> →ちず
> →すいとう
> ［濁音・半濁音はこだわらない］

指導のねらい

　思ったことや考えたことについてはある程度伝えることができる児童に対して，文字をつなぎながらしりとりをするという制限のあるしりとりを展開することで，文字を入れ替えたりしながらさまざまな単語を思い浮かべる思考力を養う。

指導の流れ

①ルールについて説明する。

②黒板に「文字つなぎしりとり」の問題を書き，教師が手本を示し，次のことが実感できるようにする。

・かなり考えないと当てはまる単語が見つからない場合があること。

・次の単語が思い浮かばない時には，前に書いた単語を変える必要があること。

・次の単語を当てはめながら考える必要があること。

③黒板に「文字つなぎしりとり」を出題して，グループ全員で取り組む。

④グループ対抗として，速さを競うゲームをする。

⑤互いに「文字つなぎしりとり」を出題して，グループで速さを競うゲームをする。

⑥一人一人が「文字つなぎしりとり」を楽しむ。

⑦一人一人で速さを競うゲームをする。

手立て

○教材の準備について

・マス目の数や最初に書き入れる文字の数は，所属する児童の実態に応じて用意する。

○児童同士の交流について

・友達の多くが知らない単語が出てきた時は，説明する時間を設定して，互いが認め合えるようにする。

・ゲーム式で実施した場合は，当てはまる単語を思い付いた同じチームのメンバーを称賛するような雰囲気をつくる。

○学習の環境について

・グループで取り組む時，一人一人で取り組む時は，人数や児童の実態により，黒板を使用するか，ワークシートを使用するか判断する。

国語

算数

21　片仮名を使わないで片仮名単語を伝えよう

〔思考力，判断力，表現力等〕A聞くこと・話すことカ

（小島久昌）

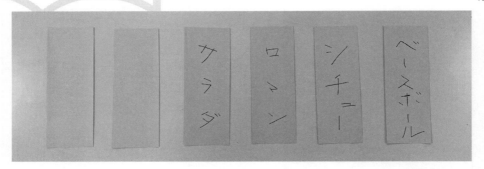

カタカナを用いる単語

指導のねらい

○片仮名で表記する単語の理解を深める。

○語彙を広げる。

○単語を言い換えて表現する力を培う。

○片仮名で表記する単語について片仮名を使用しないで伝えるというねじれた構造を楽しむ。

指導の流れ

以下の学習方法について説明する。

①短冊を受け取る。

②短冊に片仮名で表記される単語を一つ書く。

③出題する順番を話し合いなどで決める。

④指定された順番に前に出て，黒板に短冊を裏返して，マグネットで押さえる。

⑤短冊に書いた片仮名ことばについて片仮名を使わないで説明する。

⑥友達が正解を言い当てたら「正解です」と伝える。

⑦自分が出題した片仮名で表記される単語について説明する。

⑧順に繰り返す。

⑨学習の進行に応じて，全体や個別への支援を行う。

手立て

○学習の流れについて

・授業で本単元に入る前に，ウォーミングアップとして，同じ形式でジェスチャーゲームをすると楽しく学習できることが多い。

○教材の準備について

・学習する児童数や教室の広さに応じて短冊の大きさを定める。必要があれば太いペン等を用意する。

○ICTの活用について

・短冊を書き終わったら，説明を十分にする情報を収集するためにタブレットを活用して調べる時間を設ける。

・正解が出た場面で，その単語を多くの児童が知らない場合は，プロジェクターなどに投影して理解を深めるようにする。

22　5W1Hで伝えよう

〔思考力，判断力，表現力等〕B書くことウ

（小島久昌）

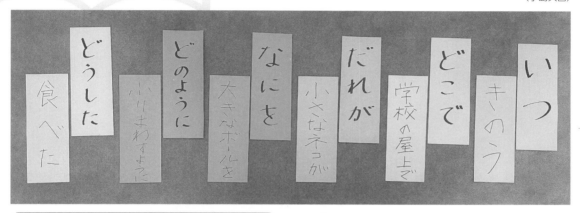

指導のねらい

○事実等の内容について正確に情報を落とすことなく伝えるためには，「いつ・どこで・だれが・なにを・どのように・どうした」の六つの要素が不可欠であることを理解し，そのように表現できるようにする。

○内容がねじれる面白さを感じながらも，5W1Hがわかれば事実が伝わることを実感する。

指導の流れ

(1)事実等の内容について，正確に情報を落とすことなく伝えるためには，「いつ・どこで・だれが・なにを・どのように・どうした」の六つの要素が不可欠であることを学習する。

(2)以下の学習方法について説明する。

①短冊を各色1枚ずつ計6枚受け取る。

②手本に合わせて，各色の短冊に「いつ・どこで・だれが・なにを・どのように・どうした」を記入する。

③一人ずつ前に出て，自分が考えた文を発表

する。

④短冊を色別に集めてシャッフルする。

⑤短冊を裏返して置き，各色一番上の短冊を黒板に貼る。

⑥一人一人黙って6枚の短冊を読む。

⑦教師が6枚の短冊を読む（全員で声を出して読んでも良い）。

⑧内容がねじれる面白さがあるが，事実が伝わることを確認する。

(3)学習の進行に応じて，全体や個別への支援を行う。

手立て

○教材の準備について

• 学習する児童数や教室の広さに応じて短冊の大きさを定める。必要があればマジック等を用意する。

○ICTの活用について

• 指導の流れ(3)では，タブレットを使用して撮影した写真をプロジェクターで投影するなどして短冊が共有できるようにする。

国語

算数

23　川柳・俳句で表現しよう

〔思考力，判断力，表現力等〕Ｂ書くことア

（小島久昌）

指導のねらい

　川柳・俳句のつくり方を学習し，学校生活や学校行事で体験したことについて，楽しみながら川柳や俳句をつくり，ことばへの関心を高めたり語彙を増やしたりする。

指導の流れ

　下記のように川柳・俳句のつくり方について学習する。

①子どもがつくった川柳や著名な俳句について児童に紹介し，声を出して読んでみたり，その背景を想像したりする時間を設定する。そのことにより，優れた作品に触れてイメージを高めたり，身近な作品を読んで親しみを感じたりできるようにする。

②さまざまな川柳・俳句に触れる機会を設け，自分が好きな作品を選び，選んだ理由についてまとめるワークシートを作成する時間を設定する。

③自分が選んだ川柳・俳句について友達に発表する。そのことにより，さらにさまざまな作品に触れるとともに，同じ作品でも解釈の違いがあることを感じられるようにす

る。

④「上五」「中七」「下五」のいずれかを空欄にした川柳・俳句を提示し，空欄にした部分を創作する活動を設定する。

⑤以下のことについて工夫しながら，川柳をつくる活動を設定する。

・身近な「お題」から始める。

・文字数と音数の違いについて知る。

・一部のことばを差し替えて練り上げる。

・自分がものになりきり，その気持ちを表現する。

⑥俳句を詠む活動を設定する。

・季語について指導する。

・気持ちや状態を示すことばは使わないように促す。

⑦学校生活や学校行事の川柳や俳句を詠む機会を継続的に設定する。

手立て

　継続的に川柳や俳句を詠む機会を継続的に設定するとともに，発表や掲示の場を設けて，称賛的評価をさまざまな立場の方から得られるように工夫する。

24 「音読帳」をつくって毎日音読しよう

〔思考力，判断力，表現力等〕C読むことイ

(小島久昌)

指導のねらい

　易しい解説文などを教師が読んでいるのを聞いたり，自分で黙読したり，友達と読み合ったりした後に，友達とわかったことを伝え合ったり，繰り返し読んだりして，内容の大体を捉えることができる。

指導の流れ

①最初に，教師が１回あるいは２回程度範読する。児童には，目で文字を追う，あるいは指でさしながら聞くように伝える。

②音読を聞いて感心したことや新しくわかったことなどについて，一人一人発表する時間を設定する。読解が深まるように，また，内容が重なる発表がないように板書する。

③一人一人が黙読する時間をとる。読むことのできない漢字があれば，タブレットで調べて読み仮名を振るように伝える。

④全員で「丸読み」（句点から句点までの一文を一人が音読し，次の一文を別の一人が音読すること）をする時間を設定する。

⑤用紙を半分に折ったり，糊で貼り付けたりして「音読帳」をつくる時間を設定する。完成したら提出するように伝える。

⑥一つの題に対して５日間程度の音読の宿題として出す。

手立て

○教材の準備について

・音読する教材は，所属する児童の実態に応じて用意する。

・児童が読みやすいように，行間や字間を調整し，Ｂ４判の用紙にリライトする。

・児童の実態により，初出の漢字のみに振り仮名を振る等の調整をする。

○学習の環境について

・児童の実態に合わせて，音読と黙読と丸読みを組み合わせて内容が読解できるようにする。

○音読宿題について

・５日間程度継続した音読の宿題として展開し，読みの技能や読解力の向上を図る。

25　助詞に気を付けて文をつくろう

〔知識及び技能〕ア(オ)

（日野有里）

「アウト」の例　正しくは，犬「が」歩く

指導のねらい

　主語と述語の関係性を捉え，適切な助詞を選択する練習を重ねることで，助詞の使い方を意識して文をつくることをねらいとしている。助詞を使わずに単語の羅列で表現する生徒や，助詞を正しく使うことが難しい生徒も，楽しみながら無理なく学習することができる。

指導の流れ

〈準備物〉主語カード（人や場所の名前），述語カード（食べる・遊ぶ等の動詞，楽しい・悲しい等の形容詞），助詞カード（「は」「を」「と」「に」など）

〈遊び方〉

①主語カードを生徒に３枚ずつ配る。述語カードは山札にしておく。助詞カードと残りの主語カードは教師が保持する。

②生徒は自分の番が来たら，手持ちの主語カードの中から好きなものを一枚選び，全員に見えるように置く。さらに教師の持つ助詞カードから１枚選び，主語カードと助詞カードを並べて置く。

③次に山札から述語カードを引く。主語，助詞，述語の順に並べて文を読み，文として成り立っているか全員で確認する。

④うまく文ができていたら選んだ主語カード，述語カードをカード捨て場に移動させる（生徒の手持ちの主語カードは１枚減る）。文が成り立っていない場合には新たな主語カードを教師から受け取る（生徒の手持ちの主語カードは減らない）。

※助詞カードはその都度教師が引き取る。

※手持ちの主語カードがなくなったら勝ち。

手立て

・主語，助詞，述語の順で声に出して文を読み，助詞の使い方をその都度考えるようにする。「セーフ」「アウト」など，ことばを決めてゲームを進めると楽しい雰囲気となる。「アウト」だった場合には，どの助詞ならセーフになるか，またはどんな述語ならよいのかを同時に話し合い，正しい文をその都度読み上げることが大切である。

・主語カードを配る数は時間配分等により増減できる。また，主語カードや述語カードは，生徒と一緒につくるとさらに楽しめる。

26　五七五のことばのリズムに親しもう

〔知識及び技能〕ウ㋐

（日野有里）

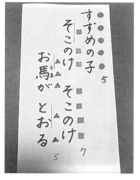

リズムに合わせて，○，□，△で示したもの

指導のねらい

　日本語特有の五七五のリズムの響きを味わい，親しむことをねらいとしている。また，俳句で表現された様子を動作化したり，風景の写真などを見たりし，描かれている情景を思い浮かべることができるようにする。

指導の流れ

①著名な俳人の句を紹介する（松尾芭蕉「古池や　蛙飛びこむ　水の音」，高浜虚子「夏の蝶　日かげ日なたと　飛びにけり」など）。声に出してリズムよく読む。また，思い浮かぶ情景について話し合う。

②俳句には五七五のリズムがあることを生徒が気付くことができるよう，手でリズムを打ったり，視覚的に示したりする。

③俳句には季語があることを伝え，提示した俳句の季節を問う（雪…冬，蛙…春）。

④題を示し，俳句づくりに取り組む（シャボン玉（春），コスモス（秋）など，季節に合った身近な題材を示す）。

⑤実際に外に出てシャボン玉を飛ばし，シャボン玉がどんな様子かを捉えてことばにす

る。生徒が発したことばを捉えておく。

⑥教室に戻り，生徒のことばを五音や七音になるように工夫し，それらをつなげて俳句にしていく。

手立て

• 著名な俳人の句だけでなく，俳句コンクール等で入賞した児童生徒作品も紹介し，より身近なものに感じられるようにしていく。

• 俳句を読んで情景を思い浮かべられるよう，タブレット端末等を利用して写真や動画を示すなどの工夫をする。

• 五音，七音を捉える際に打楽器を用いて楽しみながらリズムを感じられるようにする。

• 俳句をつくる際，季語の取り扱いは厳密にはせず，ことばの響きを味わうことに重点を置くようにする。生徒の実態によっては，季語のない川柳づくりに変更する。

• 俳句づくりには五感を働かせることが必要である。生徒からことばを引き出す際には，「色はどうかな（視覚）」「触れたらどうなったかな（触覚）」「どんな音かな（聴覚）」など，ポイントを押さえておく。

27　宝箱を探そう！ ～聞く力を育てる～

〔知識及び技能〕イ㋐
〔思考力，判断力，表現力等〕A聞くこと・話すことア

（日野有里）

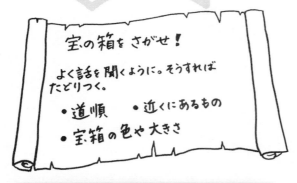

はじめに
　教室の一番近くにある階段をおりる。階段をおりたら，右へ。

つぎに
　ろうかに星のマークが3つついている教室を探す。みつけたら後ろのドアから入る。10歩すすめ。そうすると本棚の前にたどりつく。

さいごに
　本棚の上から2段目に，ふでばこぐらいの大きさの箱がある。色は赤。ふたつ並んでいるから気をつけて。軽いほうが本物の宝箱だ！

指導のねらい

　教師の説明をよく聞き，書き留める力を付けることをねらいとしている。話をよく聞いた後には，実際に宝箱を探す。聞き取ったことが正しければ宝箱を見つけられるというゲーム的な要素がある。

指導の流れ

〈教師の事前の準備〉①学校内に小さな宝箱をあらかじめ設置しておく。②宝箱を探すための簡単な指示書を作成する。③教師が指示書を読み上げている様子を録画しておく。

〈指導の流れ〉

①宝箱があることを知らせる動画を見て，宝箱を見つけるためには話をよく聞くことが大切だと生徒が気付くよう発問をする。

②ワークシートに話の内容を書き留める。書き留めるポイントは次の❶〜❸とし，生徒にあらかじめ説明しておく。❶教室からその場所までの道順，❷場所を指し示すことば（ロッカーの中，本棚の2段目等），❸宝箱の特徴（大きさ，色，形等）。

③書き留めたメモを見ながら宝箱を探しに行く。見つけたら教室に戻り，再度メモを確認し，振り返りを行う。

手立て

- あらかじめ動画を撮影しておくことで，生徒は繰り返し話の内容を確認できる。動画を一時停止すれば，メモを取る生徒の書字速度に合わせることができる。

- 教師は「はじめに」「次に」「最後に」という接続語を付けて説明し，生徒が順序を意識することができるようにする。

- 生徒の聞く力に応じて，宝箱を探すための指示の難易度を変える（「偽物の宝箱」を近くに置く，まずは鍵を探さないと宝箱を開けることができない等）。

- 個々で取り組む他，ペアやグループと学習形態を変えることで学びを深めていけるようにする。発展的な学習として，自分たちで宝箱を隠し，それを探すための簡単な指示書を作成する。何を伝えればよいのか考えることは，相手の話を聞くポイントを押さえることに役立つ。

28 電話で正しく伝えよう

〔知識及び技能〕ア(カ)
〔思考力，判断力，表現力等〕Ａ聞くこと・話すことエ

（日野有里）

```
図書館の仕事を調べよう          📖
★校外学習★                    図書館

いつ        月  日（  ）
              時から    時

どこに    ○○図書館

だれと    中学部  年  組と  年  組、
          （    ）先生、（    ）先生
          ※全部で○人です
```

指導のねらい

　話す相手を意識して丁寧なことばを使うこと，伝わりやすい話し方，電話の使い方，電話のマナーなどが身に付くことをねらいとしている。校外学習の訪問先に実際に電話をかけるという体験的な学習をすることで，より実際的な学習になることが期待できる。

指導の流れ

①誰に，どんな内容で，いつ電話をするのか等について確認する。５Ｗ１Ｈのカードを用いて整理し，電話で話す内容をワークシートにまとめる。

②電話でのことば遣いや話し方を考える。親しい相手と話す場合と異なり，語尾は敬体とすることや，相槌や理解を示す場合に，うなずくだけでは相手に伝わらないこと，「うん」ではなく「はい」と言うことなど，具体的に例を挙げていく。

③ワークシートを活用し，話す練習をする。まず友達を電話の相手に見立てて練習をする。次に学校内の他の教室にいる先生に協力してもらい練習をする（内線電話やタブレットのオンライン通話による練習）。

④練習の様子を動画に残しておき，練習後には良かった点や改善点を話し合う。

⑤校外学習先に電話をかけ，要件を伝える。

手立て

• 生活単元学習との横断的な学習となるようにする。校外学習に行く目的や期日等，生活単元学習の学習内容を模造紙にまとめて掲示し，本授業でも確認できるようにする。

• ５Ｗ１Ｈカードやワークシートを用いることで，生徒自身が気付いたりまとめたりすることができるようにする。

• 言い慣れないことばについては，繰り返し練習をするほか，簡易なことばに変更するなどして無理なく取り組めるようにする。

• 電話先には事前に教師が事情を説明して協力を仰ぐ。生徒の成功体験となるよう配慮し，伝わる喜びを味わえるようにしていく。

• 校外学習で見学をする場所のほか，利用する駅や昼食をとる店などにも電話をする計画を立て，生徒一人一人が電話をかける役割を持てるよう工夫する。

国語

数学

29　どれを選ぶ？〜理由を添えて話そう〜

〔知識及び技能〕ア(ア)
〔思考力，判断力，表現力等〕A 聞くこと・話すことウ

（日野有里）

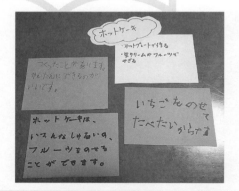

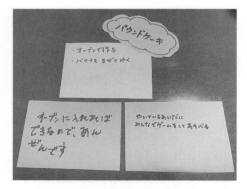

指導のねらい

　選択肢の中から好みのものを一つ選び，選んだ理由を相手に伝える学習である。なぜそれを選んだのかを表現することや，相手に伝わりやすいように話す順序を考えることをねらいとしている。また，自分の考えを述べるだけではなく，相手の話をよく聞き，内容の大体を理解することもねらっている。

指導の流れ

①ミックス粉で簡単にお菓子をつくるために「ホットケーキ」「パウンドケーキ」のどちらにするかを話し合いで選ぶことを説明する。

②生徒はどちらがいいか各自で考え，その理由を用紙に記入する。いくつかの理由がある場合には，用紙1枚につき一つの理由を書くようにする。

③記入したメモを生徒と一緒に黒板に掲示していく。自分のものを掲示した際に，友達が書いた内容についても確認をしていく。

④選んだ理由を発表し合い，どのお菓子にするか決定する。その際，掲示したものを活用しながら話すことをルールとする。聞く

態度についてもあらかじめ確認をしておく。

手立て

・生活単元学習や他教科との関連を持たせ，学習意欲の向上を図る。

・お菓子の画像やつくり方動画などを提示し，できあがりのイメージを共有しておく。すると，生徒が選んだ理由を述べやすくなったり，友達がなぜそれを選んだのかを理解しやすくなったりする。また，二つのお菓子の違いが明確になるよう，調理時間や工程の違い，生クリームやフルーツの種類や有無などで差別化を図っておく。

・選んだ理由を書く用紙は2色準備し，どちらのお菓子についてのメモなのかをわかりやすくする。同意見があった場合には近い場所に貼り，視覚的にわかるようにする。

・「おいしいから」「好きだから」といった漠然としたことばで表現した場合は，やりとりをする中で具体的なことばを引き出していく。

・発表の仕方はパターン化することで，話す順序に気を付けることができるようにする。

30　作文を書こう〜宿泊学習を終えて〜

〔思考力，判断力，表現力等〕B 書くことア

（日野有里）

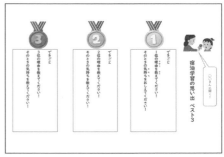

作文メモ

指導のねらい

　経験したことの中から，伝えたいことを決めて作文を書く学習である。宿泊学習を振り返り，印象に残ったことや楽しかったこと，大変だったことなどの中から事柄を選び，文章で表す力を付けることをねらいとしている。

指導の流れ

①宿泊学習の振り返り

　宿泊学習のしおりや写真などを参考にしながら，宿泊学習で経験したことについて学級全体で振り返る時間を設ける。思い出について，黒板等を使い視覚的に整理していく。

②作文メモ（ワークシート）

　「心に残っていることベスト3」とし，その時の様子や自分の気持ちについて書くことができるよう，ワークシートを準備する。

③作文づくり

　作文メモを見ながら書く。書き出すことが難しい生徒には，安心して書き始められるよう，書き出しのパターンを数種類準備しておく。完成した作文に関連する写真を添付して廊下に掲示する。

手立て

- 宿泊学習の活動を振り返る際には，印象深いことから思い出す生徒がいる一方で，時系列で順序よく思い出す生徒もいる。黒板に生徒の発言をまとめる際にはどちらの生徒にも対応できるよう，黒板を日にちや時間であらかじめ分割しておき，最も心に残った活動に生徒個々がマークをつけると良い。それにより，互いの考えを共有することもできる。

- 自分の気持ちを表現することばが「楽しかった」「面白かった」で終わってしまうことが多い場合は，生徒とのやりとりの中で，教師が他のことばで言い換えをして語彙を増やしていくようにする（楽しかった→わくわくした，面白かった→心が弾んだ等）。

- 作文用紙は生徒の実態に合ったものを数種類準備しておく。

- 作文は他学級の友達に向けて発表する場面をあらかじめ設定しておく。伝える相手を明確にすることで書く意欲を高めることができるようにする。

国語

数学

31　本を読んで「紹介カード」をつくろう

〔知識及び技能〕ウ(エ)
〔思考力，判断力，表現力等〕B書くことオ

（日野有里）

感想シール

指導のねらい

　多くの本の中から興味のある分野の本を選んで読み，大まかな内容や楽しいと思った部分について互いに伝え合うことをねらいとしている。友達が読んだ本について話を聞くことで興味の幅が広がってくことも期待できる。

指導の流れ

①学校図書館に行き，読みたい本を選ぶ。

②登場人物やおおまかなあらすじ，気に入った場面とその理由等を記録していく。

③記録したものをもとに，実際に本を開きながら読んだ本の紹介をしていく。発表を聞く生徒の質問コーナーも設ける。

④全員の読書の記録をまとめ，「○○学校図書館□年□組おすすめガイドブック」として小冊子に仕上げ，図書館内に設置する。

⑤学校図書館から借りた本は，教室の図書コーナーに一定期間置くようにし，友達のおすすめの本も自由に手に取ることができるようにする。

⑥友達が紹介した本を読んだら，用紙に「感想シール」を貼る。感想シールは，「楽しかったよ」「悲しくなったよ」「勉強になったよ」等を数種類用意しておく。

手立て

• 本を選ぶ際に，これまでに読んだことのある本を手に取る生徒は多い。同じ本を繰り返し読むことも図書の親しみ方の一つである。その場合は，前回読んだ時とは異なる新たな気付きがあるように読み，味わい方のヒントとなることばをかけていくようにする。

• 本を読む習慣がつくように，年間を通して定期的に本学習を行う。朗読CDなども活用し，聞いて図書を楽しむ経験をするなどの多様な楽しみ方を味わえるようにする。

• 教師も生徒と同じようにおすすめの本を選び，紹介していくようにする。季節感を味わえるような本や，状況を見て生徒があまり選んでいない分野の本を紹介すると良い。

• 「感想シール」とシールを貼る用紙は，休み時間などの授業時間以外に読んだ場合でも生徒が自主的に貼っていけるように，手に取りやすい場所に置くようにする。

32　どんな意味があるのかな？

〔思考力，判断力，表現力等〕C 読むこと ウ

（日野有里）

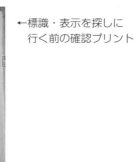

←標識・表示を探しに
　行く前の確認プリント

指導のねらい

　身の回りには標識や表示がたくさんあることや，それらが何を表しているのかを知り，ことばで表現することをねらいとしている。さらに，日常生活で標識等を意識したり，読み取った標識等に従って適切に行動したりするようになることもねらいとする。

指導の流れ

①身の回りにある標識や表示のイラストや画像を提示し，その意味を問いかける。「知っている」「○○（場所）にある」などの生徒のことばを引き出し，身近なものであることを認識できるようにする。

②学校や周辺にある表示を探す。標識や表示の意味が大切であるという意識を高めるため，どの辺りに標識や表示がありそうか，なぜそこにあると思うのかを教室を出る前に確認しておく。見つけた標識や表示は，どのような場所にあったのかもわかるようデジタルカメラ等で撮影し，画像に残す。

③調べてきたことをまとめる。撮影しておいた画像をプリントアウトしたものと，学校

の地図等を準備しておく。

④学校や学校周辺にはたくさんの標識や表示があること，標識等が意味していることを確認する。また，スーパーや病院，図書館など，よく利用する場所にも標識や表示があることを伝える。標識や表示があることで，安心して施設を利用できる良さがあることも併せて伝える。

手立て

- いろいろな標識や表示を提示する場面では，フラッシュカードにしたりパワーポイントを活用したりするなどの工夫をし，生徒が注目しやすいようにする。

- 交通標識だけではなく，ごみの分別やピクトグラムなどの身近なマークについても取り上げる。

- 生徒が探した標識や表示をまとめたものについて，校内の目立つ場所に掲示したり学部だよりに載せたりするなどの目標を決めて取り組むと意欲が高まる。

- 校外学習の事前学習として取り入れるとより実践的な学習になる。

国語

数学

33　お礼状を書こう

〔知識及び技能〕ア(カ)
〔思考力，判断力，表現力等〕Ｂ書くことア・エ

（小笠原志乃）

時候の
あいさつを
考えよう

生徒が考えた時候のあいさつ文

夏
オリンピックが盛り上がりましたね。
いかがお過ごしでしょうか。

二月
まだ寒い日が続いていますね。私はカ
イロを持って歩いています。
寒い日が続き，私は氷になりそうです。

三月
学校近くの梅の花が満開です。
学校では卒業式の準備をしています。

拝啓
□□　皆さま，いかがお過ごしでしょうか。

この度は，お忙しい中，私たちの学校で，サッカー教
室を開いてくださり，ありがとうございました。

私は，サッカー教室の中で，
〜が一番面白
かったです。
〜したらうまくできたのでうれしかったです。

二回の教室で，本当にありがとうございました。これか
らもけがなどに気を付けられ，来季もＪリーグで優勝を
ねらってください。応援しています。

敬具

令和四年　二月二十二日
筑波大学附属大塚特別支援学校　中学部
〇年　名前
〇〇〇
コーチの皆さま

指導のねらい

　お世話になった人に気持ちを伝える手段の一つとして手紙（お礼状）を書く。時候の挨拶や，自分の気持ちをどのように書いたら伝わるのか，お礼の気持ちを表すことばの書き方，敬語の使い方，漢字表記など，書いた文章を推敲しながら仕上げていきたい。

指導の流れ

①「お世話になった方へお礼を手紙で伝えよう」と目的を伝える。お礼状の例文を見て，「拝啓」「敬具」という聞き慣れないことばや時候の挨拶，文末の書き方など，いくつかの段落から構成されていることを知る。

②お礼状を段落ごとに分け，必須項目を埋めながら，自分の書きたいことを付けたしていけるようにする。

③段落ごとに考えた内容を手紙の形にまとめ，下書きをする。さらに内容を加えたり，書き直したりする。

④下書きを基に丁寧に手紙を書く。

⑤封筒に入れ，投函する。

手立て

・お礼を伝えたい相手として，行事でお世話になった方に全員が書くこととし，生徒とどのようなことにお礼を言いたいか考える。また，お礼状の例文から段落ごとにどのようなことが書かれているか考える。

・ワークシートを用意し，必須項目を確認する。また，時候の挨拶を考える際は，生徒それぞれの最近関心の高いことなどを聞きながら，季節に合う内容を考えていく。

・実際に１枚の便せんに続けて書いてみる。１マス下げる，句読点の位置，相手の名前の位置など，実際に書くことで注意すべきところに改めて気が付けるようにする。

・本番の用紙では，書き間違いのないように丁寧に書き写すように伝える。ペンで書ける生徒には便せんの材質にあったペンを用意してもよい。

・封筒の表面と裏面の書き方を伝える。その際，自分の住所が正しく書けているか，確認しておくと良い。切手を貼ることやポストへの投函までを経験したい。

34　四字熟語を読み取ろう

〔知識及び技能〕　ウ(イ)
〔思考力，判断力，表現力等〕　Ｃ 読むことウ

（小笠原志乃）

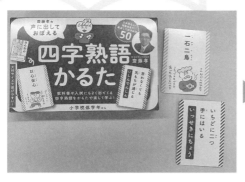

『齋藤孝の声に出しておぼえる 四字熟語かるた』
齋藤孝・著（幻冬舎）

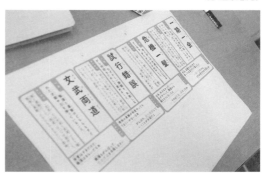

抜粋してワークに

指導のねらい

　生活の中にある四字熟語に気付き，漢字の面白さや熟語になった時の意味の面白さを考えようとするきっかけとしたい。普段聞いている四字熟語の漢字を見たり調べたりすることで，自分も使ってみようとしたり自分の好きな四字熟語を見つけようとしたりする姿につなげたい。

指導の流れ

①学校生活の中や身近な文章の中から四字熟語を探し，発表する。

②「四字熟語かるた」（幻冬舎）を用い，読みを聞いて取れたかるた札の意味を札を見て読んだり伝えたりする。

③四字熟語の意味を辞書で調べる。併せて辞書の引き方を学習する。

④四字熟語を使った文章を考える。発表し，意味を確認する。

手立て

・学校生活の中にある漢字四つのまとまりを探すと，時間割の中だけでも「登校時間」

「合同朝会」「作業学習」などが目につく。今回は四字熟語と四字成語の線引きではなく，漢字や熟語に興味を持つことをねらいとするため，漢字のまとまりに気が付いたことを評価する。その上で四字熟語には故事からつくられた他の意味が含まれる熟語もあることを伝え，「一生懸命」「一期一会」などを聞いたことがないか発問する。

・「四字熟語かるた」には様子を表すイラストと意味が併記されている。枚数を競うと自分が取った札しか見ないため，使う四字熟語を書き出してワークにしておき，全員が見たり調べたりできるようにする。

・意味調べや他の四字熟語探しのために漢字辞典や四字熟語辞典を用いる。授業全体で同じ熟語を探し，使い方を確認してから，個々の興味や達成度に応じて活用する。

・四字熟語をノートに書いたり，使い方を確認したりし，四字熟語を使った文章を考えて発表する。好きな四字熟語が見つかったら理由などもまとめ，発表できると良い。

国語

数学

35　物語文を読み取ろう〜『魔女の宅急便』〜

〔知識及び技能〕イ(ア)，ウ(エ)
〔思考力，判断力，表現力等〕C 読むことア・オ

（小笠原志乃）

指導のねらい

　物語文を読み，登場人物の心情に気付き，さまざまな方法で表現しようとしたり，自分なりに考えようとする機会としたい。また，お互いに感じたことを伝え合う中で，感じ方には違いがあることに気付くきっかけとしたい。さらに，関連する図書に触れ，読書活動の幅を広げていきたい。

指導の流れ

①物語を読む（長い物語の場合は一部分）。読んだ後には感じたことを伝え合う。

②文章中から気持ちを表すことばを探し，印を付ける。間接的な表現からも感情を示す文章がないかじっくり読む時間を設ける。

③登場人物の行動が感情によって変化するのか，動作化で表現しながら確かめる。同様に，感情によって表情がどう変化するのか，自分たちで表情をつくり合って発表する。

④考えたことを伝え合う。感情に注目して物語を読み直した時の感想を発表し合う。

⑤関連する図書をきっかけにし，自分の読みたい本を探し，読書時間を設ける。

手立て

・文字の大きさは実態に応じて転記するなどし，読むことに抵抗のないように配慮する。重点的に取り組みたい部分を抜き出し，提示してもよい。『魔女の宅急便』（角野栄子作）の中から第2章を取り上げる。

・それぞれの速度で黙読しながら，気持ちを表すことばに印を付けていく。「うれしい」などの直接的表現だけではなく，間接的表現でも気持ちが書かれていることを伝えると探す範囲を拡大できる。見つけられない場合には探す範囲を限定しても良い。間接的表現からどんな気持ちなのか考える。

・動作で表すことでさまざまな動きに着目できる。一人では難しい場合があるので，友達と相談しながら一つの動きをつくっていくとさまざまな表現に気付くことができる。

・最初の感想と比べて，感情を考えたり動作化をしたことで印象が変化したか（深く読むことができたか）を評価する。

・同作家の他の作品や似た登場人物が出てくる等の関連図書を提示し，関心を高める。

36　角野栄子さんの本を読もう

〔知識及び技能〕ア(キ), ウ(エ)
〔思考力，判断力，表現力等〕C 読むことオ

（小笠原志乃）

角野栄子さんの本を読もう
読書シート

・本の名前
・作者
・絵
・出版社
・本の値段
・選んだ理由
・登場人物
・面白かったところ
・不思議だなとおもったところ

□かんたんによめた
□ふつう
□むずかしかった

指導のねらい

　授業ではテーマに沿って選定することで，本や作者に興味を持つきっかけとなり，図書館や本屋などが余暇の選択肢となっていくことも期待したい。今後，たくさんの本の中から自分の好きな本を探すことができるよう，探し方の手がかりを見つけ，今まで読んだ本より字の多い（小さい）本にも挑戦してみるきっかけとしたい。読んだ後に振り返れるようにし，内容の読み取りもねらいとしたい。

指導の流れ

①授業で取り上げた作者の本をテーマとして集め，提示する。

②「本の名前」「選んだ理由」「読んで面白かったところ」「おすすめポイント」などを書き込めるシートを使う。

③それぞれのペースで読む。

④読書シートを基に自分のおすすめの本を友達に紹介する。

手立て

・たくさんの中から選ぶということに難しさが生じることもあるため，あらかじめテーマに沿って教師が選定した本（15冊程度）を提示し，その中から選んで読むようにする。提示する際に表紙が見えるように平置きすると，なかなか選べない生徒でも「表紙の絵が面白そうだったから」という理由で選ぶことができることもある。また，選定にあたっては本の難易度をさまざまにすること，図書館司書や学校司書教諭などと連携相談し，テーマに沿った選定を行うこともできる。

・シートは簡単に書けるように作成する。また，書くことに課題が多い生徒には，今回は読むことを課題の中心とするため教師が聞き取り，シートの補足をすると，読書の妨げにならずに記録することができる。

・選んだ本をじっくり読めるよう，静かな環境をつくり，生徒が本に向き合えるよう時間を十分にとる。読めない漢字などで読み進まない場合には教師が適宜支援する。

・発表者は自分がすすめる本の面白かったところを中心に発表し，生徒たちが友達の感想からも読書の幅を広げられるようにする。

国語

数学

37 説明文を読み解こう

〔知識及び技能〕イ㋐
〔思考力，判断力，表現力等〕C 読むことイ

（菊池恵美）

指導のねらい

　人の話，新聞や本，テレビなどの情報を読み取ったり，聞き取ったりする力を高める。二つ以上の情報を関連させて，最近の出来事や問題などを正確に把握できるようにする。人，場面や状況が変わっても情報の大体を捉える応用力を身に付けていけるようにする。相手の理解度に応じて，同じ情報でもどこをどのように，どこまで伝えるかを思考し，表現力や判断力を豊かにする。

指導の流れ

　毎回，『おはなしドリル　科学のおはなし』（学研プラス）の中にある説明文を取り上げる。

①説明文を輪読する。

②問題文を音読し，キーワードと何をどのように問われているか確認する。

③説明文からキーワードを探し，印を付ける。

④キーワードの前後の文章を黙読し，書かれている内容を確認する。

⑤④の範囲から空欄に入ることばや本文の内容を正しく説明している文章を見つける。

手立て

- 書かれていた内容を要約して伝える。学習や経験したことを想起する発問をし，関連する内容を引き出す。文章でわからないことばは同義語や言い回しを変えて説明をする。

- キーワードと問われている内容を推測できるように，生徒の発言から内容を補足したり，視点を広げる発問をしたりする。

- 丸で囲むことやマーカーで色を付けることで強調し，再認識や見直しの効率を高める。

- キーワードが，文のはじめにある時は後の文章，文末にある時は前の文章に注目して，内容を整理するように働きかける。

- 空欄を埋める問題では，説明文内に同じ文章を探し，語句を抜き出すことを働きかける。文字制限や範囲の指定がある時は，再度問題文を確認し，意識付ける。説明文に書かれている内容を選ぶ問題では，同義語や言い回しが変わっても同じことが書かれていることや，問題文のどこが説明文とは異なっているかを比較しながら確認する。

38　辞書を使って調べよう

〔知識及び技能〕ア(エ)
〔思考力，判断力，表現力等〕Ａ 聞くこと・話すことウ，Ｃ 読むことウ

（菊池恵美）

指導のねらい

新聞や本，テレビなどで見たり聞いたりすることばに気付き，意味を調べる学習を通じて，わかることばを増やす。ことばの意味と使い方を同時に関連付けて学習し，聞き取りや読み取りができることばを増やす。学習を積み重ね，場面や状況，目的などに応じてことばを使い分けたり，考えや思いを適切に言語化したりする力や自己表現の幅を広げる。

指導の流れ

①日常生活の中で頻繁に見聞きする動詞を５個板書し，辞書で意味調べをする。

②５個の動詞の意味をランダムに書いたプリントを配り，①で調べた意味と共通する内容が書かれている文を選択する。

③５個の文章をランダムに書いたプリントを配り，文章に合う動詞を当てはめ，文がつながるように語尾を変える。

④二字熟語を辞書で調べ，クロスワードパズル製作をする。

⑤④で製作をした問題を友達と解き合う。

手立て

• 辞書の文章でわからないことばは，同義語や言い回しを変えて意味を補足する。

→目的のことばを探す過程で興味を持った見出し語の意味を伝え合う姿が見られる。

• 選択肢から選ぶ「再認法」の演習問題を行ったり，わからないことばを再度調べたりし，記憶の定着を図る。

• 文脈から当てはまることばを探索し，意味を照合する「再生法」の演習問題で記憶の固定化を図る。語尾直しを働きかける。

• 知っている二字熟語の前の漢字を使った熟語から始め，後ろの漢字を使った熟語調べを働きかける。

→教師も製作することや時間制限を設けることで，ゲームの要素が加わり，学習意欲の喚起や維持につながる。

• 製作した生徒にはヒントを働きかける。他にも入る漢字がないかを確認する。

→解答者には新たなことばの発見や製作につながる気付き，製作者には伝え方の学びが得られ，学び合いや高め合いにつながる。

国語

数学

39　スリーヒントクイズをつくろう

〔知識及び技能〕イ(イ)
〔思考力，判断力，表現力等〕A聞くこと・話すことイ

（菊池恵美）

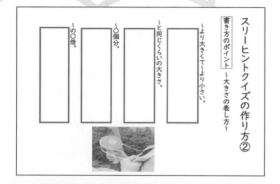

スリーヒントクイズの作り方②
書き方のポイント ～大きさの表し方～

- ～より大きくて～より小さい。
- ～と同じくらいの大きさ。
- ～○個分。
- ～の○倍。

具体的に伝えよう1
語句をまとめた言葉を考えて書こう①

	⑩	⑨	⑧	⑦	⑥	⑤	④	③	②	①	語句
	パンダ	おにごっこ	晴れ	サッカー	ピアノ	はと	あじさい	ジュース	みかん	トマト	
	ぞう	かくれんぼ	雨	野球	タンバリン	すずめ	あさがお	牛乳	りんご	キュウリ	
	さる	ドッジボール	くもり	バスケ	たいこ	アヒル	ひまわり	お茶	バナナ	ナス	つまり

指導のねらい

　面白く，良質なクイズの製作には，答えとなる物事や行動を抽象的に表現するカテゴリーを理解していることが必要である。そのため，ジュース，牛乳，お茶で共通するのは飲み物であるという発見を促す。さらにカテゴリーの説明（飲み物）から情報を読み取り，関連付けて物事や行動を具体化（ジュース，牛乳，お茶）する力を高める。相手の理解度に応じて，伝えたいことを言い換えたり，他の視点から説明を加えたりし，表現力や判断力を豊かにする。

指導の流れ

①カテゴリーの説明を読んでそのカテゴリーに含まれる具体的な物事を答える。

②大きさの表し方をあらゆる視点で考える。

③助詞を使った説明の仕方をあらゆる視点で考える。

④スリーヒントクイズをワークシートに沿ってグループで相談して考える。

⑤スリーヒントクイズ大会をする。

手立て

- カテゴリーのさまざまな段階や説明の仕方に気付ける問題を製作する。情報を関連付けて具体的なことばを想起するために，情報の整理や補足をする。

- 大きさの基準や比較に活用できる，身近で相手も同じ大きさをイメージできる具体物の発見を働きかける。

- 同じ物事の用途や種類，形を二つ以上発見できるように写真や商品のキャッチコピーを記載したプリントを配り，文に書き表せるように働きかける。

- 二人から三人のグループごとに，同じ物事が答えになるヒント文を考え，話し合ってヒント文を三つにしぼることや出す順番を考えられるように働きかける。

- 三つ目のヒントで解答者が答えに辿り着けるクイズが良い問題であると伝え，一つ目のヒントで正解者が出たら1点，二つ目で2点，三つ目で3点，最後まで正解者が出なかった場合は0点になるルールにした。

40　文章に書き表そう

〔知識及び技能〕ア(オ)
〔思考力，判断力，表現力等〕B 書くことエ

（菊池恵美）

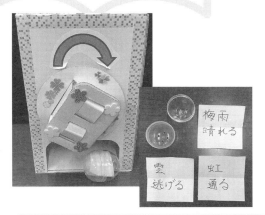

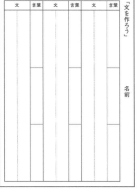

指導のねらい

　与えられた語句，イラストや写真を関連付けて現実的な状況や場面をイメージし，想起する力を高めていく。イメージや想起したことに基づいて，助詞の使い方や語と語，文と文の続き方など，ことばや文の規則や構造を意識して書き表すことができるようにする。さらに，修飾語や接続語を使い，修飾語と被修飾語や接続語前後の文の関係，物事を示す役割を持つ語句についての理解を促していく。自分が伝えたい内容をより詳しく，具体的に文章に書き表す力や表現の幅を広げていく。

指導の流れ

①「ミッションガチャ」から出てきた二つのことばを入れて文を書く。

②様子や気持ちを詳しく表現することばを加えた文を書く。

③「お話づくり絵カード」（幻冬舎）の一つの話のカードを並び替えて，それぞれの場面を説明する文を書く。

④接続語を使い，話をつなげる文を書く。

手立て

• 関連のある名詞と動詞をお題カードに書き，カプセルに入れて，本体に準備する。助詞の使い方や語と文のつながりについて助言をする。→生徒①原ばくのきのこ雲に倒れる。生徒②虹の向こうに人が通る。

• 形容詞や副詞を使い，名詞や動詞の詳しい説明や感情を表現できるように助言をする。→生徒①原ばくのきのこ雲を見て，私はこわくて倒れた。生徒②虹の向こうにたくさんの人が通る人気のストリートがある。

• 絵カードに表されている事物や様子，状況などの情報を読み取れるように働きかける。文のつながりや修飾語の活用や表現の仕方について助言をする。

• 並立・添加や説明・補足の接続語を使い，内容を膨らませられるように関連する内容を引き出す。後半は，順接や逆接の接続語を使い，さらにイメージを膨らませ，話の結果や展開を広げたり，変化や言い換えたりできるように視点を広げる発問をする。

国語

数学

41 「パロディことわざ」で知恵を増やそう

〔知識及び技能〕ア(エ)
〔思考力，判断力，表現力等〕A聞くこと・話すことイ・ウ

（山﨑嘉信）

| 猿も | 木から落ちる | 得意なことでも 失敗することがある |
| 猿も | 木からおりる | 得意なことでも 終わりはある |

指導のねらい

　ことわざは，人々の「生活の知恵や教え」などを短いことばでたとえにしたものである。「猿も木から落ちる」など，ことわざを理解するためには，知識と経験を結び付ける力が必要である。「猿は木登りが上手い」という知識と，「木から落ちると痛い」という経験を基に，たとえの意味を理解できる。そこで，よく使われることわざのパロディをつくることで，ものの見方・考え方を充実させたい。「音」や「単語」を変えることで意味が変わることばの面白さを伝え合いたい。

指導の流れ

①「猿も木から落ちる」「ちりも積もれば山となる」「猫に小判」など，なじみのある動物や事柄を基にしたことわざをカードで示す。

②ことわざの意味を考え，口頭で説明する。

③ことわざ辞典で調べ，カードにことわざの意味を書いておく。

④ことわざの後半部分を別のことばに変えて，「パロディことわざ」をつくる。

例：「猿も【木から落ちる】」→「猿も【木からおりる】」

⑤つくった「パロディことわざ」を発表し，意味の説明をする。

例：「猿は木登りが得意だが，いつかは木から降りる。物事には終わりがあることのたとえ。」

手立て

○表現に正解はないが，意味の共有は必要

　ことばの組み合わせで，表現は何通りでも可能である。しかし，多くの人が「なるほど」と思える表現を引き出したい。グループで取り組む場合，つくった本人が説明する前に，友達に「どんな意味だと思う？」と質問し，考えを聞く。友達の考えを通して，意図通りの表現かどうかの確認ができる。

○たとえの面白さに気付かせる

　猿は木登りが得意などの知識があることが，ことわざを理解する前提となる。猿はサル，とことばそのものの理解になってしまう場合，写真や映像を用意することで，「たとえ」の意味を理解できるようにする。

42　世界の名画で間違い探し

〔知識及び技能〕イ㋐
〔思考力，判断力，表現力等〕Ａ聞くこと・話すことア・イ・ウ

（山﨑嘉信）

●伝えるときに大切なこと

| 物の名前を正しく言う |
| 長さを言う |
| 数を言う |
| 色を言う |
| 上下の位置を言う |

指導のねらい

「伝わる」とは，自分が思い浮かべている事柄を，相手に同じように思い浮かべてもらうことである。「間違い探し」を題材として，間違いの箇所を相手に伝える時の観点（場所や位置，時間，人やものの様子・形状，名前など）に気付き，伝わる表現を工夫させたい。

指導の流れ

①友達同士または教師と２人以上で行う。

②川島隆太監修『毎日脳活スペシャル　見るだけで記憶力・注意力アップ！ 大人の間違い探し脳ドリル　世界の名画・世界遺産・浮世絵編』（文響社）を参考に，世界の名画を題材にした間違い探しの問題を提示し，違う箇所を探し，ワークシートに書き出す。

③見つけた箇所を，一人ずつ順番に友達に伝える。

④全員で確認できれば正解とする。

⑤伝え方で，わかりやすかった点＝観点をカードに書き出し共有する（場所や位置，ものの名前，色や形，状態）。

⑥名前がわからないものは，どのように表現すれば良いか，意見を出し合い検討する（「○○に似ているもの」など）。

手立て

○伝える目的を明確にする

「伝える」行為は，「何のために伝えるのか」という目的が大切である。「間違いの箇所を相手に口頭で伝えて，答え合わせをする」という目的が明確であれば，なにをどのように表現すればわかりやすく伝わるか，を検討することができる。

○目の前にあるものを題材にする

個人的な経験では，相手に正しく伝わったかどうかを確認することは難しい。教室で目の前にあるものについて伝え合い，正しく伝わったか，観点と表現がわかりやすかったかを確認する。「間違い探し」の問題であれば，伝わったかをその場で確認できる。

○世界の名画の問題を用意する

世界の歴史的な絵画に描かれているものは，生徒に身近なものばかりではない。そのため，知らないものでも，位置，形，色，大きさを工夫して表現すれば伝わることに気付かせる。

国語

数学

43　見えない頭の中を読み取ろう

〔知識及び技能〕イ(ｱ)
〔思考力，判断力，表現力等〕A聞くこと・話すことア・イ・ウ，C読むことア・イ・ウ・エ・オ

（山﨑嘉信）

ワークシート

指導のねらい

　人が頭の中で考えていることは目に見えない。しかし，ことばや行動，人の表情などから，ある程度推測することができる。そこで，名画を題材として，その解説文から，登場人物の考えや心情を読み取ることに取り組ませたい。

　「なんとなくこう考えているだろう」と思うのではなく，根拠や情報と結び付けて，人の考えについて理解を深め，高等部卒業後の社会での生活に生かしてほしい。

指導の流れ

①ジョルジュ・ド・ラ・トゥール絵画作品「クラブのエースを持ついかさま師」の登場人物に，「吹き出し」を加えたワークシートを提示する。

②登場人物の考え・気持ちを想像し，吹き出しに書き入れさせる。

③書き入れたセリフの理由を，口頭で説明させる。

④中野京子著『怖い絵』（角川書店）の解説文を読ませる。

⑤解説文を読んでわかったことを基に，改めて登場人物の考え・気持ちのセリフをワークシートに書き入れる。

⑥絵の場面のストーリを考え，ワークシートに書いたセリフを使い，口頭で発表する。

手立て

○解説文を読む前に想像する

　状況や表情は，ことば以上にさまざまなことを物語っている。西洋の絵画を見ても，感情は文化を越えて普遍的であることがわかる。そこで，解説文を読む前に，生徒自身の知識と経験，観察力を基に，登場人物の気持ちを想像させる。

　また，先に登場人物の気持ちを想像してから解説文を読ませることで，自分の考えと同じ点や違う点，新しい知識などを探りながら，能動的に文章に向かうことができる。

○ストーリーをつくる

　ストーリー（物語）は，「背景」「人物」「事件」の三つで構成されている。解説文からこの三つの要素を読み取り，登場人物の気持ちを説明することを丁寧に行いたい。

44　昔話の続きを物語ろう

〔知識及び技能〕ア(オ)・イ(ア)
〔思考力，判断力，表現力等〕B 書くことア・イ・ウ・エ・オ，C 読むことア・イ・ウ・エ・オ

（山﨑嘉信）

★物語の流れをまとめ、続きを考えましょう

❶	❷	❸	❹	
桃から生まれた桃太郎	村人を困らせている鬼を退治に鬼ヶ島へ向かう	途中、犬、猿、雉をお供にし、鬼をこらしめる	鬼が奪った宝物を村人に返してめでたしめでたし	つづく

そして	❺	❻	❼	❽

指導のねらい

　有名な昔話は，登場人物の性格（キャラクター）や起こった出来事，その結末について多くの人によく知られている。その設定を基に，物語の構造に気付かせ，因果関係や理由を明確にした文章を書かせたい。「しかし」や「なぜなら」「実は」などの表現を用いて，段落相互の関係を意識して続きの物語を創作し，文章を書く楽しさを味わってほしい。

指導の流れ

①絵本で「桃太郎」の話を読む。

②登場人物の性格，気持ちを話し合い，ワークシートで共有する（桃太郎…やさしい，勇敢など）。

③物語全体の「構成」を大きく四つに分けて，ワークシートの「構造図」に書き出す。

④「その後」の続きの話を創作する。

⑤創作した話を，ワークシートの「構造図」に書き出す。

⑥⑤の構造図を基にして，友達に口頭で物語を発表する。

⑦友達から感想・意見をもらう。

⑧意見を踏まえて文章にする。

⑨書いた文章を朗読し，録音する。

⑩聴き直して文章のつながりやことば遣いなど，不自然なところを書き直す。

手立て

○物語の構造に気付かせる

　昔話の読み聞かせは，小学部の1段階で扱っており，「桃太郎」の登場人物や内容は知っているだろう。絵本では，絵と簡潔に書かれた文章で，物語の全体像と構造を把握させやすい。次に起こることと前に起こったことのつながりに焦点をあてて，「はじまり→事件→行動→結果」の物語の構造を理解させる。創作した物語を「構造図」にすることで，全体の流れとつながりを意識して長い文章を書く力を育てたい。

○朗読を録音する

　書きことばを声に出して読んでみると，違和感があることに気付くことが多い。そこで，朗読を録音し，ことばの使い方と話の流れに注意して聞き直すことで，つながりの良い，わかりやすい文章に推敲することができる。

国語

数学

45　電光掲示板を読み取ろう

〔知識及び技能〕ア(ア)(エ)
〔思考力，判断力，表現力等〕Ｃ読むことエ・オ

(山﨑嘉信)

電光掲示板

次は●●にとまります

電光掲示板を読み取ろう

① わかったことをメモしよう

バスの停留所
次のバス停の名前
○○

② 掲示板の伝えたいことはなんでしょうか

② ①の写真はバスの中
②はバスの路線図
③がバスとまるバス停の名前だよ

指導のねらい

　「読み取る」とは，文や文章から得た情報を基に，頭の中に状況を思い浮かべることである。交通機関や街中にある電光掲示板は，少ない文字数と短い時間で情報が提示される。そのため，中心となる語や内容を瞬時に捉え，短時間記憶にとどめながら，持っている知識を引き出し，照合する力を育てたい。

指導の流れ

①パソコン又はタブレットの「電光掲示板アプリ」を使用する。

②電光掲示板アプリで情報を提示する。

　　例：「次は○○にとまります」

③選択肢の写真を３種類提示する。

　　例：①バス車内で「次は○○…」と表示されている写真，②正解のバス停「○○」の看板，③バス停「○○」の名前が載っている路線図

④解答と選んだ理由をワークシートに書く。

⑤電光掲示板の全文を静止画と正解の写真を提示し，答え合わせをする。

⑥同様に「天気予報」「スポーツニュース」「交通情報」などのニュースの文を流し，絵，図，写真の選択肢で読み取った内容を選ばせる。

手立て

○「読み」のアセスメント

　電光掲示板は，少ない文字数と短い時間で情報が提示される。そのため，視覚的な情報の取り込みの力，文字（漢字，英字，略語，画数の多い文字の省略）の理解と時事問題等の知識，ワーキングメモリの働きなどについて，あらかじめ把握しておく必要がある。

○知識を活性化させる

　紙や画面で読める文や文章は，何度でも見返すことができるが，電光掲示板の表示は消えてしまうため，場所や状況から情報の目的と内容を結び付けることが求められる。

○文からイメージを思い浮かべる

　文の読み取りとは，語句の記憶テストではない。読み取った文と，状況を掛け合わせて，頭の中に思い浮かべられるかが大切である。そのため，写真等の映像から選ぶことで，頭の中のイメージを確認できる。

46　内容を読み取ろう

〔知識及び技能〕ア(エ)(オ)，イ(ア)
〔思考力，判断力，表現力等〕C読むことイ・オ

（上仮屋祐介）

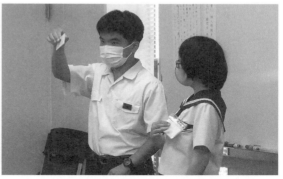

指導のねらい

文章中で用いられている語句の意味や，語句と語句，文と文との関係などを手がかりにして，筆者の考えを読み取ったり，読み取った筆者の考えを他者にわかりやすく説明したりする。

指導の流れ

ある自治体における「学校等での名札の着用」に関する市民からの行政に対する意見書を教材文として使用した。

〈教材文の内容〉

> 市民（筆者）の子どもが通う学校の名札は縫い付けタイプで，学校名やクラス，氏名が書いてあり，防犯面や個人情報保護の観点から心配であることが述べられていた。現状を改善するために筆者が具体的な対策案（現状の代替案）を例示するなどして，早期の対策を求める内容となっていた。

生徒たちは，筆者が指摘する現状の名札の問題点や，その改善案を文章中から探したり，改善案で述べられている名札を実際につくったりして発表するようにした。

手立て

意見書の原文には，現行の名札の課題に対する筆者の改善案が複数記してあったため，改善案ごとに形式段落を構成し，生徒にとって内容が読み取りやすい文章に改めた。

また，具体的な改善案が記されている文には赤，改善案に対する筆者の意見が記されている文には青で線を引くようにして，文の内容相互の関係を捉えながら内容を読み取ることができるようにした。

さらに，改善案として例示された名札を文中の語句の意味を手掛かりにして実際に制作し，筆者の意見と相違がないか具体化した事物を通して確かめることができるようにした。

授業の終末では，文章中で筆者が述べていた改善案を発表する機会を設け，線を引いた教材文や実際に制作した名札を提示しながら読み取った内容を説明したり，筆者の考えに対する自分の意見（賛成又は反対）やその理由を述べたりすることで，文章の要旨を生徒自身が再確認することができるようにした。

国語

数学

47　立場を決めて話し合おう

〔知識及び技能〕ア(イ)(エ)(オ)(カ)，イ(ア)(イ)
〔思考力，判断力，表現力等〕A聞くこと・話すことイ・ウ・エ・オ

（上仮屋祐介）

指導のねらい

- 話合いをする際の自分の立場に即して情報を整理したり，伝え方を工夫したりして，自分の考えをわかりやすく相手に伝える。
- 相手の考えを聞き，自分の意見との共通点や相違点を見出しながら話し合う。

指導の流れ

　はじめに，話合いには議題について賛成や反対など対立的な立場で話し合うものや，課題となっていることを解決するための方法を相互に出し合い，考えを広げるものなど，目的に応じて種類が多岐に渡ることを確認した。

　その後，「給食の牛乳を飲むためにストローは必要か？」や「図書室にどのような種類の本を増やしてほしいか？」などの話題について，司会や賛成派，反対派など，役割や立場に即して話合いの準備をしたり，実際に話合いを行ったりした。

手立て

　話合いの種類や話合いを行う際の役割については，議会や討論会，作戦会議など，実際に大人が話し合っている様子を動画で視聴し，発言内容や進行の仕方などに着目して，それぞれの話合いの特徴をまとめることができるようにした。話合いの話題を選定する際には，生徒たちがふだんの学校生活の中で疑問に思っていることや解決したい課題などを募り，その中から話題を選定することで，自分事として話題と向き合うことができるようにした。立場に即した意見をまとめる際，本題材では資料の収集を主たる目的としていなかったので，意見をまとめる手がかりとなりそうな資料や記事などは教師が準備し，生徒たちに提供した。資料等の内容を「（原因・理由）だから，（結果，考え）だ。」の文に当てはめて考えることで，資料等の主張が自分の立場と対応しているか確認し，必要な情報を取捨選択できるようにした。話合いを行う際は，意見を発表できる時間を定め，その中で効果的に考えを伝える方法（話す内容や提示する資料など）を事前に検討する機会を設けたり，相手の意見の納得できた部分や納得できなかった部分を伝える機会を設けたりして，主張を相互に伝え合うことを意識できるようにした。

48 物語文を読もう

〔知識及び技能〕ア(エ)(キ)
〔思考力，判断力，表現力等〕C読むことア・ウ

（上仮屋祐介）

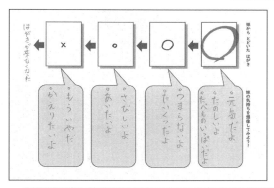

指導のねらい

- 文中から情景や様子を表している箇所を探し，それらがどのような情景等を表しているか想像したことを絵で描いたり，写真を探したりする。
- 情景等を想像して描いた絵や写真を基に，文中の情景描写が表す登場人物の気持ちを考える。

指導の流れ

教材文として『字のないはがき』（原作：向田邦子，文：角田光代，絵：西加奈子／小学館）を使用した。

はじめに，さまざまな情景等の写真を見て，その情景等を文で表現したり，感じたことを発表し合ったりする活動を行った。その後，教材文から情景等を表している箇所を探し，ワークシートに抜き出すとともに，抜き出した文がどのような情景等を表しているか想像して絵に描いたり，それらが登場人物のどのような心情を表しているか考えたりする活動を行った。

手立て

はじめに，さまざまな情景等やその印象を生徒自身が文で表す活動に取り組むことで，ことばを使って物事の様子を表現（情景描写）したり，情景描写を通して心情を間接的に表したりすることを学習し，教材文から情景描写を探したり，情景描写を基に登場人物の心情を想像したりする際に生かすことができるようにした。

教材文の情景描写から登場人物の心情を想像する活動では，文中の描写がどのような情景を表しているか具体化するために，実際に絵を描いたり，想像した情景と近似する写真をインターネットで探したりした。生徒同士で描いた絵や見つけた写真を発表し合うことで，教材文の各場面の様子を共有することができるようにした。また，文中の叙述や生徒が描いたり見つけたりした絵や写真を物語の流れに沿って並べることで，場面の変化を捉えながら，登場人物の心情を想像できるようにした。

国語

数学

49　提案するポスターを書こう

〔知識及び技能〕ア(イ)(ウ)(エ)(オ)，イ(ア)(イ)，ウ(ウ)(ア)(イ)
〔思考力，判断力，表現力等〕B書くことア・イ・ウ・エ・オ・カ

（上仮屋祐介）

指導のねらい

- 提案するテーマに即した情報を取捨選択するとともに，自分の考えが相手に伝わるように構成や書き方を工夫する。
- 自他の書いた文章を相互に読み合い，自分の考えを効果的に相手に伝えるための構成や書き方を批評し合う。

指導の流れ

　本題材は，生活単元学習の「私たちと環境」という単元と関連付けて指導を行った。はじめに，「私たちと環境」で学習したことを基に学校生活の中で友達と取り組めそうな問題を考え，自分の考えを提案するポスターのテーマを設定した。次に，教師が例示したポスターや文書を書くために作成したメモなどを基に，材料の集め方や文章の構成の仕方，文の書き表し方，資料の使い方などを学習した。そして，生徒たちは，テーマに即して必要な資料の収集や整理をしたり，文章の構成や書き表し方などを考えたりしてポスターを作成した。最後に完成したポスターを基に自分の調べたことや考えを伝え合うとともに，

自他の考えを伝えるための工夫について気付いたことを発表し合った。

手立て

　全８時間の題材であり，国語の授業のみで必要な情報を集め，まとめることは難しいと考えたため，生活単元学習で取り組んだ調べ学習を基に授業を展開し，情報の収集や整理が円滑に行えるようにした。テーマに即した自分の主張を整理する活動では，自分の考え（主張したいこと）を黄色の付箋紙に，その理由（根拠となる資料等の内容）を水色の付箋紙に書くことで，自分の考えと理由を整理できるようにした。理由をまとめる際は，「〜という問題が起こっているのは，〜だからです。」のように，環境に関する課題（結果）と，その原因を明確にしてメモを残すように指導した。ポスターにまとめる活動では，伝えたい内容や情報の量によって文章と箇条書きを使い分けたり，ポスターであることを踏まえて使用する画用紙の大きさに応じた文字の大きさや筆記具について考えながら試し書きを行う機会を設けたりした。

50 古文の魅力を見つけよう

〔知識及び技能〕ウ(ア)(エ)

（上仮屋祐介）

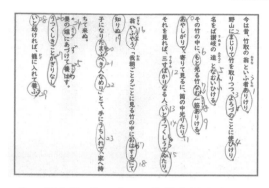

指導のねらい

- 古文で用いられていることばと現代で使われていることばについて類似や相違を確かめながら大体の内容を捉えながら読む。
- 古文独特のことばの響きやリズムの特徴に気付き，気に入ったフレーズ等を相互に発表し合う。

指導の流れ

本題材では，竹取物語の冒頭部分を教材文として用いた。はじめに，竹取物語の原文について教師の音読を聞いたり，自分で音読したりして，古文で用いられている歴史的仮名遣いを学習するとともに，現代でも用いられていることばを手がかりにしながら，大体の内容を考え，発表し合った。次に，原文と現代語訳を比較し，古文で用いられていることばと現代で用いられていることばの類似点や相違点を整理した。相違している箇所については，現代語訳を基に，古文で用いられていることばの意味を確かめながら音読した。最後は，「なむ〜ける」や「いとうつくしうてゐたり」など，古文独特のことばの使い方や，

その響き及びリズムの特徴を踏まえながら繰り返し音読し，自分が気に入ったフレーズを見つけ，発表し合った。

手立て

古文で用いられている歴史的仮名遣いについて学習する活動では，教師の音読を聞きながら原文をたどり，現代仮名遣いと異なる読み方をする箇所に印を付けるようにした。印を付けた平仮名は五十音表を使って整理することで，ハ行の読み方が変わることが多いなどの特徴に気付くことができるようにした。原文と現代語訳を比較する活動で用いたワークシートは，原文と現代語訳を上下に配置し，一文ずつ改行して記すことで，原文と現代語訳の文を相互に対応付けながら読み，古文で用いられていることばと現代で用いられていることばの類似点や相違点を見付けやすくした。古文と現代語訳で異なることばが用いられている箇所には印を付けることで，古文で用いられていることばが，現代語訳でどのようなことばに置き換わるか確かめながら文の意味を捉えることができるようにした。

国語

数学

51 「よく見て」入れてみよう！～棒さし教材～

A数量の基礎ア㋐㋐

（上羽奈津美）

指導のねらい

特別支援学校（算数）学習指導要領解説にある「具体物に気付いて指を差したり，つかもうとしたり，目で追ったりすること」を主にねらいとしている。

指導の流れ

具体物に気付くことや目で追うことが苦手な児童は，学習の初期段階にあり，こちらが注視してほしい教材に気付かないことが多い。

①はじめは，児童が教材へ興味を持てるように，児童が教材を見た瞬間に「これ，なんだろうね？」「この棒，アイスクリームの棒に似ているね」等，児童が興味を持てるようなことばをかける。

②模範として，児童の見ている時に「じゃあ，この棒ここに入るかな？」とことばかけをし，棒が入る細長い穴に気付かせる。穴を教師と一緒に手で触り，棒が入る穴を触覚的に確認させる。

③教師が棒を入れ「あ，コンって音がしたね。」「やってみる？」等のことばかけをする。

④児童に棒を入れる筒を持たせ，棒を手渡ししたり，提示するケースに置いたりし，教材に触れさせる。

⑤入ったら「上手に入ったね。よく見ていたね」等のことばかけをし，称賛する。慣れてきたら，繰り返し棒を渡したり，ケースに5本程度置いておいたりする。

手立て

この教材は，児童が興味を持ちやすくするために，よくアイスクリームに使われている平たい棒を使用している。児童の意欲につながるよう，平たい棒に色を付けるようにした。また，筒は片手で持てる細いものを使うこともポイントである。児童が筒や棒を目で見て動かし，自分の入れやすい位置で入れられるようにした。さらに，筒を半透明にすることで，棒が入る様子を目で追えるようにした。

児童の興味に合わせた楽しいことばかけ（アイスクリームの棒のよう。この棒何色？等）をすることで，児童の教材へ対する興味を高めるようにした。

52 「同じ色」を見つけて貼ろう！〜対応教材（基礎）〜

A数量の基礎イ⑦⑦

（上羽奈津美）

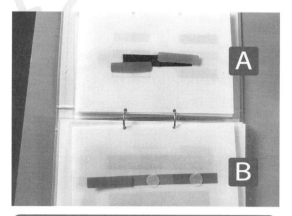

指導のねらい

特別支援学校（算数）学習指導要領解説にある「ものとものを対応させること」を主にねらいとしている。

指導の流れ

ものとものの対応が苦手な児童は，対応することの意味がわからず，意図（色，縦横等）と違った対応をすることが多い。

①はじめは，児童に貼り付ける部分のみを提示し，マジックテープを一緒に触り，「これがサガサしているね」等，貼る場所に児童の意識が向くようにする。

②貼り付ける部分の上部（A）に，貼るパーツを提示する。児童の実態により，提示のみでは気付きにくい場合は，貼るパーツを手渡しする。

③模範として，教師が貼り付けるところを見せる。なかなか目で追い続けるのが難しい児童には，児童の目の前に貼るパーツを持っていき「どこに行こうかな」等，教材を目で追えるようなことばかけをする。

④児童が貼るパーツを持ったら，指をさして「ここに貼るよ」と貼る場所（B）を示す。

⑤貼り方がわかったら，上部に三つのパーツを提示し，児童が自分で色や向きを貼り付ける部分に対応させながら取り組めるようにする。児童が自分でできたら，大いに称賛することを大切にする。

手立て

この教材は，ものとものを対応させることをねらいとしているため，色は単純に赤と青のみを使い，児童が対応させていることがわかるようにした。

マジックテープを使い，剥がす時の音やガサガサの感触を使い，児童がものを扱う感覚を楽しめるようにした。また，5cmの細長いパーツ三つを使うことで，縦横どちらにも貼り付ける方向を変更できるようにした。

上部は提示するもの，下部は貼り付ける場所にしてファイルに綴じることで，プリントでの宿題が難しい児童が持ち帰り，家庭でも取り組める（宿題にもできる）ようにした。

国語

算数

53 「同じ色と矢印の向き」を見て貼ろう！ ～対応教材（応用）～

A数量の基礎イ⑦⑦

（上羽奈津美）

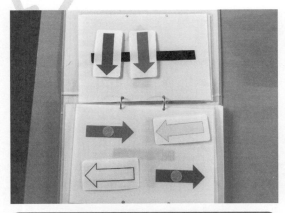
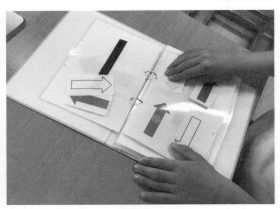

指導のねらい

特別支援学校（算数）学習指導要領解説にある「ものとものを対応させること」を主にねらいとしている。

指導の流れ

ものとものの対応が苦手な児童は，二つの条件が対応すること（色，向き等）の意味がわからず，意図と違った対応をすることが多い。

①教師と一緒に矢印に触れ「これ，黄色いね。とがっているね」等，ことばかけしながら，矢印に興味を持てるようにする。

②模範として，教師が「この黄色は，こちら向きかな？」とことばかけをしながら，矢印を左右に動かし，貼り付ける面に提示された方向と同じ向きに貼る。

③児童に矢印を一つ渡し，色と向きを教師と確認しながら一緒に貼る。一緒に貼れたら二つ目を児童に渡し，一人で貼れるか見守るようにする。色や向きを間違えていたら，教師と一緒に確認する。それを一人で一つ

貼れるまで繰り返す。

④色と向きの対応が意識できたら，上部に四つの矢印をランダムな向きで貼って提示し，児童が一人で貼ったり剥がしたりできるようにする。

手立て

この教材は，二つの条件のものとものを対応させることをねらいとしているため，矢印の色を全て違う色にし，児童が対応させていることがわかるようにした。

マジックテープを使い，ビリッと剥がす時の音やガサガサの感触を使い，児童がものを扱う感覚を楽しめるようにした。

また，上部は提示するもの，下部は貼り付ける場所にしてファイルに綴じることで，プリントでの宿題が難しい児童が持ち帰り，家庭でも取り組める（宿題にもできる）ようにした。児童の実態により，2条件の対応が難しい場合は，1ページに提示する矢印は一つだけにし，単純にものとものを対応させることをねらいとするようにしている。

54　なんの動物？乗り物はどれだ？〜組み合わせ教材〜

A数量の基礎イ㋐㋑

（上羽奈津美）

『えあわせカード』（ダイソー）

指導のねらい

特別支援学校（算数）学習指導要領解説にある「分割した絵カードを組み合わせること」「関連の深い絵カードを組み合わせること」を主にねらいとしている。

指導の流れ

分割した絵を組み合わせたり，関連の深いものを組み合わせたりすることが苦手な児童は，どちらか一方のみを見がちで，ものとのとの関連付けが難しいことが多い。

① はじめは，教師が分割した絵を合わせて（模範）児童に提示し，「これ何でしょう？」と絵の答えを児童が言えるようにし，教材への興味を持たせる。

② 分割した絵の片方のピースを児童に渡したあとに，二つの違った絵のピースを提示し，机上やケースの中に組み合わせる。合わせた絵を教師が指さし，「これは何でしょう？」と聞き，合わせた絵が正解か確認する。

③ いくつか合わせた絵を机上に並べ，「乗り物はどっちでしょう？」とクイズ形式にして尋ね，ケースの中に入れたりことばで答えたりできるようにする。

④ 児童がだんだんと慣れてきたら，10枚程度のカードを提示し，自分で組み合わせを楽しめるようにする。その際，関連の深いものを意識できるように，「動物」と「乗り物」等，二つの違うカテゴリーのカードを提示し，関連の深いカードを自分でカテゴリー分類できるようにする。

手立て

この教材は，食べ物や動物，乗り物等，いくつかの種類のカードを購入して取り組み，学習する児童が興味を持ち，学習意欲が高まるようにした。

それぞれがイラストのため，組み合わせたものの名前を聞いたり，動物の鳴き声を出したりすることで，楽しく学習に取り組めるようにした。

国語

算数

55　「5」までの数を数えてみよう①〜5までの範囲教材〜

A数と計算ア㋐㋒

（上羽奈津美）

 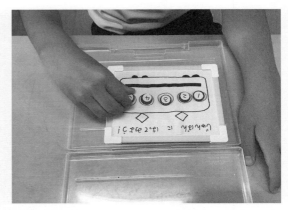

指導のねらい

特別支援学校（算数）学習指導要領解説にある「5までの範囲で数唱をすること」をねらいとしている。

指導の流れ

5までの数を数唱することが苦手な児童は，途中の数字が抜けたり，ゆっくり数唱することができない児童生徒がいる。

①はじめは，「電車だよ」「これ，丸い窓かな？」等，提示物に興味が持てるようにする。

②数字が書いてあるマグネットを教師と一緒に貼り付ける（1〜5の順序が難しいことも考えられるため，赤丸の中に数字を書いておき，それを提示することもある）。

③教師と一緒に，電車の"1"から指をさしながら「1・2・3・4・5」と声を出して数える。指さしの際，数える数と指を動かす速さが合わないことが多いため，教師と一緒に指さしながら言うようにする。（学習指導要領の言い方に則り，4は"し"と読むようにする。）

④繰り返し電車を使って数唱することに慣れてきたら，「じゃあ，1から数えてみよう」と教師が言い，児童が一人で数唱することができたら，大いに称賛する。

手立て

この教材は，児童が好きな電車を使うことで，はじめて数字と出合う瞬間を楽しめるようにした。

数字が抜けたり，早口で数唱することがあるため，数字を指さしながら言うことで，確実に「1・2・3・4・5」と声を出して言うことができるようにした。また，ホワイトボードにマグネットを使うことで，簡単に付けたり外したりできるようにした。

また，「1〜5」の数唱ができるようになったら，併せて「5・4・3・2・1」と5から順に貼っていった。そして，5〜1までの数唱をし，日常生活の中でカウントダウン等の遊びに汎用できるようにしていった。

※イラストは，学習する児童が好きなものを使用している。

56 「5」までの数を数えてみよう②〜5までの範囲教材〜

A 数と計算ア㋐㋕

（上羽奈津美）

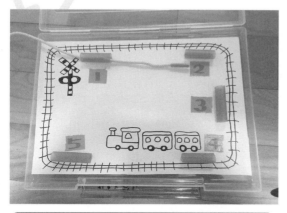

指導のねらい

　特別支援学校（算数）学習指導要領解説にある「形や色，位置が変わっても，数は変わらないことに気付くこと」をねらいとしている。

指導の流れ

　5までの数の数唱ができるようになっても，提示されている物や素材が違うと，数が変わったように捉えてしまう児童がいる。

①はじめは，「ここはトンネルだよ」「この線路長いね」等，会話をしながら提示物に興味が持てるようにする。

②模範として，教師が1のストローから順に紐を通すのを児童に見せる。その際，「1のトンネル通過」等，児童が興味を持てそうなことばかけをする。

③紐を児童に持たせ，教師が順に指をさしながら1〜5まで紐を通す。

④紐を全部通したら，ストローのトンネルを指さしながら「1・2・3・4・5」と声を出して数唱をする。

⑤五つの色々なものを指さしながら数えた後，もう一度，紐を通しながら1〜5まで数える。その際，ものや紐通しを見せながら「これも5だね」とものが変わっても，数は変わらないことを知らせる。

手立て

　この教材は，ただ単に並んでいるものを数えるのではなく，ストローに紐を通す動作を入れることで，並んでいないものでも「1・2・3・4・5」と数えられることが捉えやすいようにした。

　トンネルを吹出口が大きめのストローでイメージさせることにより，意欲を高めて色々な数唱に取り組めるようにした。

※イラストは，学習する児童が好きなものを使用している。

国語

算数

57 「同じ形」を探してみよう

B 図形ア(ア)(ウ)

（上羽奈津美）

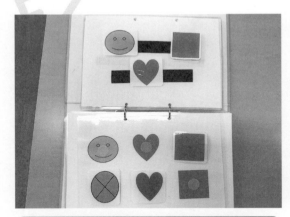

指導のねらい

特別支援学校（算数）学習指導要領解説にある「形が同じものを選ぶこと」をねらいとしている。色だけではなく，形を見て同じものを選ぶことを通して，形に着目したり，認識して選んだりすることができるようにする。

指導の流れ

丸や正方形の形を区別する際，色やイラストに注目してしまい，形の違いに気付きにくい児童がいる。

①はじめは，教師と一緒に丸や四角，ハートの形を指でなぞりながら，「丸，四角，ハート」と形の名前を児童と確認する。

②模範として，教師が同じ形の場所に貼る。その際，「これは四角だね」「色は青だね」と注目する点を声に出しながら，児童の気付きを促す。

③形のパーツを一つずつ児童に渡し，「これ，どこにあるかな？」とことばかけをしながら，児童と貼る場所を確認する。色や向き

を間違えていたら，教師と一緒に確認する。もう一度，児童と形を確認しながら貼る。

④形の確認ができたら，見開きページの上部に六つの貼るパーツを提示し，一人で貼る場所を見つけて貼っていく。

⑤貼る形のパーツを色々な向きで提示し，それでも一人で貼れるのかを確認する。

手立て

この教材は，マジックテープを使い，ビリッと剥がす時の音やガサガサの感触を使い，児童がものを扱う感覚を楽しめるように工夫をした。

違った色の四角やハートを使うことで，児童が色ではなく，形に注目できているかを確認できるようにした。

また，見開きページの上部は提示するもの，下部は貼り付ける場所にしてファイルに綴じることで，プリントでの宿題が難しい児童が持ち帰り，家庭でも取り組める（宿題にもできる）ようにした。

58 「同じもの」を探してぶどうをつくってみよう

B図形ア(ア)(カ)

(上羽奈津美)

指導のねらい

特別支援学校（算数）学習指導要領解説にある「同じもの同士の集合づくりをすること」をねらいとしている。この教材では，磁石とストローの2択から，棒にさすストローを選んで学習を進めていく。ものの属性に着目し，同質なものに着目したり，認識して選んだりすることができるようにする。

指導の流れ

同じもの同士の集合づくりをする際，「同じもの同士」に気付きにくく，集合づくりをすることが苦手な児童がいる。

① はじめは，「これはなんだろう？」と児童と会話をしながら，箱の中の絵を確認する。

② ストローと磁石を提示しながら，模範として，ストローを3cmに切ったパーツを，教師がぶどうの実の部分の棒にさす。その際，紫に塗った丸い磁石を教師が棒に近付ける動作をしながら「入らないね」とことばかけをし，棒に入らないことを確認する。

③ 教師がストローと磁石を一つずつ提示し，児童がどちらかを選んで棒にさす。児童が

間違えた際は，教師が児童に手を添えたり，さすものを指さしで知らせたりしながら，一緒に確認していく。

④ 児童にストローと磁石を9個ずつケースに入れて提示し，児童が自分で選んでさす。

⑤ ストロー9個と磁石1個を机上に並べ，ストローの方を指さし，児童と一緒に「一緒」や「同じだね」と言い，磁石を指さし，児童と一緒に「違うね」と，ことばで「同じ」と「違う」を区別する。

手立て

この教材は，教材の操作を通して，同じ性質や違う性質のものがあることが実感できる教材である。磁石や画用紙等，平面のもので集合体をつくろうとすると，形が似ているため，同じもの同士の集合体をつくる際に間違えたり，「同じもの」がわかりにくかったりするため，棒さしと，丸磁石で区別できるようにした。また，箱に収納することで，パーツが散らからず，児童が自ら教材を準備できるようにした。

国語

算数

59 「棒をさすところ」をよく見てみよう

C 測定ア㋐㋐

（上羽奈津美）

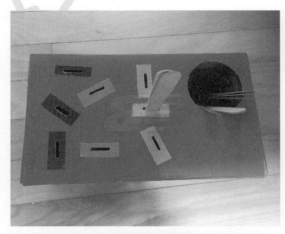

指導のねらい

特別支援学校（算数）学習指導要領解説にある「基準に対して同じか違うかによって区別すること」をねらいとしている。この教材では、棒とさす部分の色、方向に着目し、教材を使用することで、基準に対して同じか違うかを区別する。

指導の流れ

基準に対して区別して捉える際、色や方向、大きさ等の「基準」に気付きにくく、ただ単に色だけ、方向だけ等、一つの属性のみに注目してしまう児童がいる。

①はじめは、児童が教材へ興味を持てるように、「これ、なんだろうね？」「この棒、アイスクリームの棒に似ているね」等のことばをかける。

②模範として、教師が「ピンクの棒をさしてみるよ」や「この向きで当たっているかな？」等のことばかけをしながら、色と方

向に注目を促し、棒をさしてみせる。

③教師が棒を一つずつ提示し、児童と一緒にさす色や向きを確認する。課題が難しい場合は、教師が児童に手を添えたり、さすものを指さしで知らせたりし、課題を達成できるよう、ヒントを与えながら、一緒に確認していく。

④コップにさまざまな色の棒を入れて提示し、児童が自分で選んでさす。

手立て

この教材は、「基準」に対して（属性を意識し）区別することを目的とした教材である。

棒をさす面（平面）に対して、棒を縦にしないと課題の達成ができないよう工夫をしたことで、基準が散らばらず、明確にできるようにした。

また、箱に収納することで、パーツが散らからず、児童が自ら教材を準備できるようにした。

60　ものの個数を比べよう　ものの集まりと対応させよう～同等・多少，数詞～

A数と計算ア㋐㋐㋑

（橋本直樹）

指導のねらい

　小学部２段階の数の指導では，まず数の意味，すなわち数とは何かを理解することが重要である。そのためにも，具体物を用いた活動を通して指導にあたると良い。また，数が集合の大きさを表していることを捉えさせることが指導のねらいである。

指導の流れ

　具体的には次のような活動が考えられる。
①ばらばらにあるものを，仲間づくりを通して集合として捉える活動。
②個数や色，形，大小，位置などの観点から分類して数える活動。
③具体物をブロックやおはじきなど，他のものに置き換えて数える活動。
　上記の教材のように形や大きさも異なるものを１対１対応させれば数は同じである。このことを半具体物である赤点やペグさしを対応させることによって捉えさせる。そして，このように同じ数の集合を数詞「いち，に，さん」と言い，数字「１，２，３」と表す。
　数の意味は，このような手続きを経て理解

されていく。このような数は集合の大きさを表しているので，集合数と言う。さらに集合数についての数の意味が理解されると，次に数の大小を比較することによって，数の系列が理解されていく。

手立て

　観点に応じてものの集合を捉えたり，その観点を明確に意識することや，集合の要素の１対１対応によって二つの集合の要素の個数の相等，多少を捉えたりする活動は，数を理解する時の基本的なことであり，初歩的な内容である。10までの数概念を理解させるためには，要素が「●●●」のものには「３」，要素が「●●●●●」のものには「５」と命名し，10までの数詞を正しく唱えることができ，ものの個数を正しく数えられ，さらに，数の並び方に順序付けができること，10までの数の合成・分解ができること，数を一つずつ増減できること，10までの数の相等，多少の比較ができることなどが必要である。この指導を小学部２段階の数量では行っていく。

国語

算数

61 数字を覚えよう 個数を正しく数えよう〜数字〜

A数と計算ア⑦⑦①

（橋本直樹）

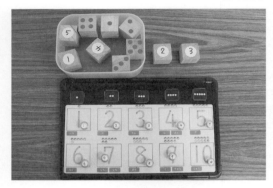

指導のねらい

　１〜10の数について，具体物と数図，数詞，数字などを対応させ，１〜10個のものの数を数えることができ，数を数字で表すことができることをねらいとする。

指導の流れ

　数がいくつであるか一見してわかるように図式化した数図カードとも対応させることで，数をより抽象化させていく。そして，それぞれの具体物と半具体物，数図を対応させて，数詞「いち」「に」…「ご」，さらに数字「1」「2」…「5」を提示していく。このように「具体物→半具体物→数図→数詞（言語）→数字（記号）」と徐々に数字へと抽象化していくことで，数の概念をつかんでいく。

　具体物を数えて，数詞や数字で表す操作だけでなく，数詞や数字に対応する具体物を見つけるなど，抽象から具体への操作も取り入れ，数をより明確に表せる，数字という記号の良さに気付かせるようにしていく。

手立て

　日本の数詞には次の２通りの唱え方がある。

①中国から来た，漢語系のもの

　「いち，に，さん，し，ご，ろく，しち，はち，く，じゅう」

②日本古来の大和ことば系のもの

　「ひと，ふた，みい，よ，いつ，む，なな，や，ここ，とお」

　一般には両者が混用され「いち，に，さん，よん，ご，ろく，なな，はち，く，じゅう」のように漢語系の中に大和ことば系の唱え方が入ったり，「46」を「よんじゅうろく」，「74」を「ななじゅうし」や「ななじゅうよん」と唱えたりすることがある。②の数詞は10を超えると先がないので，①の数詞の唱え方を中心に指導をすることが一般的である。

　ものの個数を数えることは，数える対象となるものを一つの集合として捉え，それと数詞の集合とを１対１に対応させ，最後に対応した数詞によってものの集合の要素の個数を知ることである。「集合の要素と数詞との１対１の対応が確実にできること」「数詞『さん』であれば，数図の『●●●』がイメージできること」に留意して指導する。

62　10の構成を覚えよう〜10の補数〜

A数と計算ア㋐㋗㋘㋙

（橋本直樹）

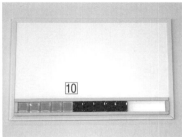
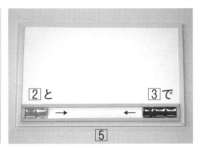

一つずつブロックを移動したり
まとめて移動したりする

合わせて10のブロックをイメージする

指導のねらい

　10の構成を学習し，「10」という数がいろいろな数の組み合わせで表すことができることを価値付けて数の見方を広げることがねらいである。10の構成は加法や減法（特に繰り上がり，繰り下がりのある計算）を理解する上でとても重要になる。

指導の流れ

　数の構成については，具体物を数える場面において，分類して数えたり，一緒にして数えたりする活動をし，素地的な経験をした上で扱う。これらの理解を基礎として，5から10までの数のそれぞれについて，合成したり分解したりするいろいろな具体物の活動を行う。活動を通して「2と5で7」と見る合成の見方と「7は5と2」と見る分解の見方の両方ができるようにする。一つの数を他の二つの数の和や差と見る見方は，以後の学習の基礎となるものである。

　特に10の構成は，繰り上がりのある加法，繰り下がりのある減法において重要な役割を果たすことになる。例えば，8＋5の加法をしようとする場合，まず「8はあといくつで10になるか」と考える。8の10に対する補数2を見つけ，次に5を2と3に分ける。10に対する補数は，念頭で素早く正確に言えるようにしておく必要がある。

手立て

　本時では，数を多面的に見るとともに，加法や減法の学習につながるものとして，数の構成の見方について下記のような表記によって合わせて習熟を図る。

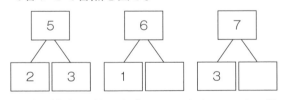

　数の構成の学習を進めるに当たっては，児童が自分のイメージで数をいろいろな見方で捉えられるようにしたい。

　特別支援学校では，おはじきやブロックなどの半具体物を用いた活動を十分に積み重ね，量感を伴って数をイメージできるようにした上で，数図カード，数カードへと抽象化を図っていく。

国語

算数

63 色や形で分類しよう

B 図形ア(ア)(ア)(イ)

（橋本直樹）

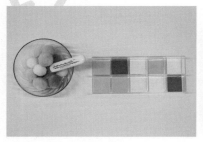
色のマッチング

形のマッチング

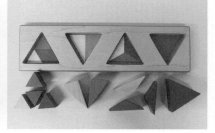
色と形のマッチング

指導のねらい

小学部２段階の図形は，身の回りの形について，ある程度の認識を持っている段階である。具体的には折り紙を見て「四角い形」と言ったり，ただのおにぎりではなく「三角のおにぎり」と言ったりするなど，形を表現することばも使ったり理解判断したりできる段階である。しかし，その認識はまだ漠然としたものであり，一般化して図形を捉えているわけではない。

指導の大きなねらいは，児童にとってはじめての図形学習になるため，「前述の実態を踏まえて，図形に対する認識の芽を育てていくこと」である。形に対する児童の認識を焦点化させることをねらいとしていく。

指導の流れ

一つのもののさまざまな角度から見える多面的な情報に着目したり，多くの情報を総合的に理解することが難しい場合があることに注意をして教材を作成した。

一つ目の教材は色のみに着目。二つ目の教材は形のみに着目。三つ目の教材は色と形に着目できる教材となっている。小学部２段階では，このような教材を使用して，児童がこれまで何気なく捉えてきた身の回りのものをある程度「形」として認識できるようになる。このようにして図形の素地的な意識を培っていけるように指導をしていく。

手立て

個別の教材以外にも，身の回りから集めたさまざまな箱や容器などを材料に，自分で組み立てたいものをつくる活動を行う。教師からの指示はできるだけ少なくし，あくまでも児童自身のイメージを大切に，楽しんで活動できるようにする。「タワーを作るためには，高く積み上げられるものが良い，どの箱を使おうか」「電車の車輪には転がる形を使いたい，どれを使おうか」など，それぞれの形の持つ特徴を考えながらつくっていくことを大切にしたい。さらに，すべり台をつくって，筒や球を滑らせると，形の持つ機能の違いが明確になってくる。

64 △や□をつくってみよう

B 図形イ(ア)(ア)(イ)

（橋本直樹）

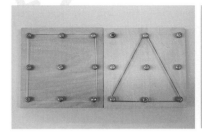
□や△の基本図形

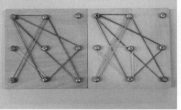
好きな3点を選んで△をつくる

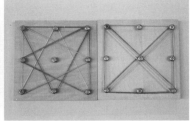
△や□を組み合わせたり
教師と同じ模様をつくったりする

指導のねらい

前項では児童の身の回りにある具体物について，色や形で仲間分け，平面図形の特徴にも気付かせるようにしてきた。今回は格子点を輪ゴムで結び『四角，三角』を構成し，その基礎的な理解を深めていく。図形の定義や性質について学習するわけではないが，いろいろな活動を通して平面図形に親しむことで，図形についての感覚を豊かにしていきたい。

指導の流れ

上記のような教材がない場合は，色板で形をつくる活動も考えられる。色板の位置，向き，組み合わせなどを変えると形が変わることを活動の中で発見させたい。形の構成に関心を持たせ，形を構成する経験を十分にさせるようにする。このような活動は，図形の合同，拡大・縮図，対称な形といった内容の素地となる体験活動である。今後の小学校3段階の図形の構成活動では，色板を並べる，これを分解する，紙を折る，切る，棒で形をつくる，格子点を結ぶなどが主な活動になってくる。これらの活動を通して，つくった形の外形を観察させたり，一部を移動することによって別の形ができることを経験させたり，へりだけでできている形の観察を通して辺という図形の構成要素にも徐々に着目させたりする。その際に，ただ漠然と好きな形をつくるのではなく，色板の枚数を指定する，教師がつくった輪ゴムの形と同じものをつくるなどの条件を与えて活動させる必要がある。

手立て

小学部2段階の図形領域の活動では，視覚的な情報を正確に捉え，その情報を基に形を操作していく形が必要となる。しかし，児童の中には，形を正確に捉えたり頭の中だけで操作したりすることが難しい場合が予想される。一度にたくさんの図形が情報として目に入ってくると処理できないと思われる場合は，1枚に一つの仲間（四角の仲間，三角の仲間）を示したカードを提示したり，必要な部分だけを残して，他を隠したりする手立てが必要である。また，手先の不器用さを補う手立てとして，拡大したり厚みを増やしたりすることも効果的である。

国語

算数

65　量の大きさを比べよう〜面積〜

C 測定ア㋐㋑

（橋本直樹）

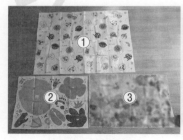  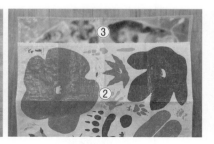

①が１番大きい
②③は縦が同じで横は③が長い

端をそろえて重ねる

重ねて直接比較する

指導のねらい

　小学部２段階では普遍単位を用いた測定の前段階において，日常で用いられている長さや面積や体積という「量」の意味や，「はかる」ということの意味を理解する上で基礎となる経験をさせるというねらいがある。広さでは面積を直接重ねて比べる活動を通して面積に関心をもち，２次元的な広がりを意識するとともに，面積も単位とするものを決めて，その「いくつ分」というように数値化して表したり比べたりすることに気付くようにする。

指導の流れ

　面積についても，長さや体積と同じように，次の四つの測定段階が考えられる。

①ものを重ねるなどして量を比較する。（直接比較）【小学部２段階】

②何か他のものに置き換えて比較する。（間接比較）

③ある単位を決めて，そのいくつ分かで比較する。（任意単位による測定）

④共通の単位を用いて比較する。（普遍単位による測定）

　教材では，三つの敷物の面積を比べる活動を，直接比較で行う。一目見ただけではどちらが広いか判断しづらい大きさのものを用意し，直観による判断を大切にしたい。面積の比べ方として，「端をそろえて重ね合わせる」という直接比較の仕方をはっきりとつかませるようにする。

手立て

　面積の比較で留意しなければならないのは，面積は二次元の量であるために量の大小比較がしづらいことである。長さは一方の端をきちんとそろえれば，反対側の端で大小を比較できる。しかし，面積の場合には，一つの端をそろえて一方が他方に完全に含まれる場合は比べることができるが，そうでない場合には重ねても大小の比較ができない。このように単純な比較が難しい場合が多い。色板などの任意単位による測定のアイデアを引き出した上で，実際に並べたり，マスを塗りつぶしたりといった活動を通して面積の意味を考えさせていく。

66 長さを比べよう

C 測定ア⑦⑦⑨

(橋本直樹)

①対象物が曲がっている

②端がそろっていない

③同じ方向を向いていない

④長い・短い

指導のねらい

小学部２段階の測定では量とは何か，すなわち量の概念を形成することが，指導における根本的なねらいである。比較や測定を通し，長さとは何かを理解することが重要である。

指導の流れ

量は「分離量」「連続量」の大きく二つに分類できる。

〈分離量〉ものの個数など数えることを通して整数で表すことのできる量。

〈連続量〉長さや重さなど，いくらでも細分することができる量で，必ずしも整数で表すことのできない量。

「測定」では，連続量を扱うことになる。連続量は，単位を定めないとその大きさを測定して表すことができない。長さは，１ｍという単位を定め，このいくつ分かを測定することで，大きさを表現している。メートル法を用いない場合も，これに代わる何らかの単位を定めることなしには，長さを測定することはできない。

ここでの直接比較では，端をそろえることで，ものの長さを比較することが可能になる。また，曲がったものをまっすぐに伸ばしたり，形の異なるもののどこからどこまでを比べるのかを明確にしたりすることが，長さという量がどのようなものなのかを理解することにつながる。

手立て

直接比較では，二つ以上の量を直接比較することで，その大小関係を判断する。間接比較では，直接比較ができない場面において，媒介物を用いて比較を行う。ものの量を別の等価のものに置き換えることを通して，量の概念についての理解を図る。任意単位については，小学部３段階の測定の範囲になるので小学部２段階では扱わない。

三つ以上の量を比較する際には，量の大小関係に推移律が成り立つことが前提となる。Ａ＞Ｂ，Ｂ＞Ｃならば A ＞ Ｃが成り立つ。これは，児童に指導する内容ではなく児童が量と測定の学習において感覚的に誤った捉え方をしたり，量の意味を見失ったりしないように教師が意識しておく内容である。

国語

算数

67　重さをはかろう

C測定ア(イ)⑦

（橋本直樹）

〈重さ比べと重さの測定（直接比較）〉

重さ比べ：てんびんによる直接比較

１円玉を使って何枚分になるのかを
調べてもよい（任意単位による測定）

指導のねらい

　重さの学習の前提として「手で重さ比べをする場合，手に持った感じで『重い』『軽い』の判断ができる場合と不確かな場合があること」「重さはものの大きさで判断できないこと」「ものの質量が変わらなければ，重さは変わらないこと」がねらいになるが，小学部２段階では上記を教師側が踏まえた上で「重い」「軽い」の用語を理解させることがねらいである。

指導の流れ

　重さの概念を理解させるには，重さを目に見える形で測定する必要がある。測定の指導については二つの段階が考えられる。第１は直接比較である。二つの物体の重さがかなり違えば，両手に持って判断できる。しかし，そうでない場合は，シーソーなどの経験を想起させ，両腕の長さが等しい簡単なてんびんのようなもので比べる。その際，「重い」「軽い」という表現を使い，つりあった場合を「同じ重さ」と言ったりすることで重さの用語を導くことを大切にしていく。第２は間接比較であるが，重さの場合は省略してもよい。

手立て

　児童は「重い」「軽い」といった量感覚は用語を知らなくとも持っている。しかし，見ためだけでは，どちらが「重い」「軽い」といったことを判断することはできない。大きくても「重い」とは限らないからである。そこで，量として「重さ」への移行が必要となる。「重さ」は，「長さ」や「広さ」，「かさ」と同じく量の一種であるが，「重さ」は目に見えない量ということで大きな違いがある。だからこそ，重さの大小比較の際にてんびんのような計器を用いることが必要となる。「長さ」や「広さ」の学習も適宜想起させながら，世界共通の重さの単位の必要性を児童に感じさせ，この後の測定の段階につながる学習を進めていく必要がある。

68　表で表現しよう

D データの活用ウ(イ)⑦

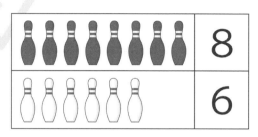

〈表〉各要素の数量がすぐにわかる

（橋本直樹）

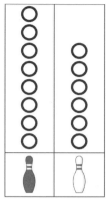

〈グラフ〉
一目で項目の
大小がよくわかる

指導のねらい

　小学部2段階のデータの活用では「グラフに表す良さ」「表に表す良さ」について児童に実感させることがねらいである。

〈**グラフ**〉一目で項目の大小がよくわかる。

〈　**表**　〉各要素の数量がすぐにわかる。

指導の流れ

　グラフにおける表現では絵や図を用いることが考えられるが，学習指導要領解説では抽象度を上げ，〇や×などを用いて大きさを表す。

　授業では的当てゲームやボウリングの活動が考えられ，簡単な表へとつなぐ展開を考えている。ボウリングでは，倒れたピンを数え，グラフにボウリングのピンの絵カードを置いていく活動を行い，そのグラフを基に，表に数を書いていく。

　しかし，児童によっては，最初にグラフに〇を付けたり絵カードを置いたりできない場合も考えられる。その場合は，先に表を作成して（数を記入して）からグラフづくりに入っても良い。

　また，数量関係を考察する際の問題文が複雑だと，その内容を理解することだけで時間を費やしてしまう場合があるので，センテンスを短く，簡潔な文章に変え，個別にわかりやすい問題文を提示することが望ましい。

手立て

　学習指導要領解説には，『〇×を用いた簡単な表を作成（表現）すること』と記載がある。グラフ，表，両者の比較をすることでそれぞれの持つ良さやわかりやすさが明らかになり，児童はより実感を伴って理解できる。グラフは「一番多い」「一番少ない」「同じ」などの直観的な「同等・多少」の判断がしやすいので，「わかりやすさ」につながる。一方，表は数で表されているので，数量の大小比較をする時に計算式を立てやすく，「処理しやすい」につながる。それらの相違点を見つめ，良さを明確にする。この考え方は，今後の小学部3段階以降のデータの活用の学習で適切にグラフや表を選択する力を養うことにつながっていくので，児童にしっかりと理解させたい。

国語

算数

69 数字すごろくとジャンプで学ぼう

A数と計算ア(ア)(ア)(イ)(ウ)(エ)

（池田康子）

見る＆言う＆ジャンプで移動
床用として，ブルーシートに水性マーカーで線と
数字を書いた。間違えた時には簡単に消せる上，
乾くと油性ペンのように簡単に消えることはない。
1マス25cm×25cm。スペースがない場合，机
上版100マスシートで，机上ですごろくを行う。

指導のねらい

実際に100までの数字上を動き，身体を大きく動かすことで，数や数字を体感する。

指導の流れ

(1)100マスシートで体感しよう

唱えながら進む。既習の数字の辺りまでシートを広げて見せる。はじめは，「21（にじゅういち）」のように段の最初の数字を教師が言うことで，その段の読み方のヒントとなる。

(2)2とび・5とび・10とび

①2とびってなあに

スタートに立ち，「2ずつ増える数です。（足下の数字を指さしながら）『1，2』最初は2（2に付箋紙を貼る）。『1，2』次は4。次は？」「に，し，ろ，や（は），とお」と進むことに気付く子どももいる。10までの2とびに慣れたら，2とびの意味理解も確認する。「続きもわかるよ。12，14，16……」10から12には次の段に歩いて移動する。

②5とびってなあに

同様に進めて，法則性に気付くことができる。「わかった！ 15の次は20！」「5と10の

列を行ったり来たりだね」

③10とびってなあに

同様に進める。「簡単，簡単。10，20，30」

手立て

○体を使って数える体験で「読み」「量」「数字」の3項がつながる指導

〈「32」の場合〉読み：数字を手がかりにして「さんじゅうに」と言う。量：32コマ進む。32回ジャンプして大変だった情動により量を感じる。数字：足下の数字を見る，数字を隠しておいて書く。

○数字の読みはジャンプと合わせて

数字に対する読みがずれてしまう場合は，手をつなぎ一緒にジャンプする。

○日常生活で数を数える良さを実感

万能な教材はないので，数字を読んだり，ものの数を数えたりする活動を組み込む。おはじき教材の他にも，日付，育てている植物の葉（実，花）の数など，生活の中の数も数えたい。数が増える楽しさが，育てる楽しさになる。また，記録を書くことで，植物の様子や数字でも数の増加を実感できる。

70 たしざん・ひきざんにちょうせんしよう

A数と計算イ㋐㋐㋑㋒

（池田康子）

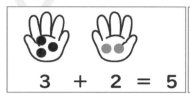

①左（赤）が3，右（青）が2
3たす2は？
合わせて5

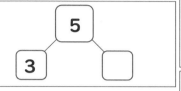

②いくつといくつ？

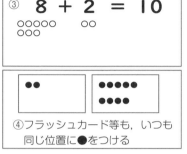

③ 8 + 2 = 10

④フラッシュカード等も，いつも
同じ位置に●をつける

指導のねらい

　20までの数の範囲でたし算・ひき算を学習する。

指導の流れ

⑴たし算・ひき算の絵を見てお話

①たし算：合わせていくつ，ぜんぶでいくつ

②ひき算：なくなりました，ちがいはいくつ，いくつたりない（後ろの二つが難しい場合はイラストで扱う程度で良い）

⑵合成・分解の活動を式につなげる（上図①）⇔式を見てお話づくり

　「全部で5，左手は3，右手はいくつ？」のゲームを活用し，空欄に数字の記入（上図②）や立式をする。計算が機械的な数字の操作で終わらぬよう，計算後に文章問題づくりを日に1～2問取り入れる。話型を提示する。

例：朝顔の観察より：「（朝顔）が昨日までに（6つ）咲きました。今日は（3つ）咲きました。合わせていくつでしょうか。」

⑶練習問題にチャレンジ

①1分間で何問できるか，20問を何分でできるか等，伸びが実感できるよう，いつも一定の記録を取る。暗算ができるようになるまでは，子どもがわかりやすい方法を使う。

例1：「数図ブロック」の操作で

例2：数字の下に○を描いて（上図③④）

②『子どもが夢中で手を挙げる算数の授業』（横山験也監修，さくら社）の教材を用いる。ICT機器では，正解を楽しみにして練習問題に取り組むことができる。

手立て

・子どもの実態を捉えておく：1対1対応，3～10の合成・分解はどの程度か。

・継続学習：たし算の練習問題を継続しつつ，ひき算の学習を導入すると，学んだたし算を忘れることを防止できる。

・指の活用：短期記憶に課題があるなど，小さい数のたし算であっても，暗算への移行が難しい場合には，指を活用する。「上原式ゆび計算」で決まった指の出し方をすると，1～20のたし算やひき算が容易にできる。徐々に暗算できるものも増える。

【参考文献】上原淑枝『「上原式ゆび計算」で楽しいかず・計算学習』明治図書

国語

算数

71　位置のゲームを楽しもう

Ｂ 図形ア㋐㋒

（池田康子）

①スイカ割りゲーム

〳右から３番目、上から２番目〵

お宝

②宝探しゲーム

③隠れている文字を当てよう

指導のねらい

「上下前後右左」といった位置を表すことばを知り，口頭で位置を表せるようにする。

指導の流れ

まずは，「上下左右前後」を言いながら両腕を上下左右前後に動かし，準備体操する。

(1)スイカ割りゲーム（上図①）

〈準備〉目隠し，細長い紙筒，ボール（スイカのようにラッピングすると盛り上がる）

①スイカを割る子どもは，目隠しをして，指示を聞いて一歩ずつ移動する。

②指示する子どもは，スイカを割る子どもの後ろの位置に立ち，指示をする。

例）「左」（左へ一歩）「左」（左へ一歩）「前」（前に一歩）「いけるよ。せーのっ」紙筒を振り下ろす。「当たり！」

(2)宝探しゲーム（上図②）

〈準備〉教室の棚や引き出しに宝を隠す，ミニホワイトボード，水性マーカー

①「宝の場所を言います。右から３番目上から２番目です。」

②指さしをしながら，位置を決定する。

③引き出しを開けてお宝を発見する。

慣れるまでは１問ずつ行い，慣れてきたら徐々に問題を増やして取り組む。やり方が理解できたら，今度は子どもが宝物を隠す。棚の分だけマス目を描いたミニホワイトボードに，隠したものの位置を○で描く。または，棚の写真を印刷した紙に○を描く。手元に持って指示を出す。

(3)隠れている文字を当てよう（上図③）

〈準備〉ミニホワイトボード，水性マーカー，磁石シート

①ミニホワイトボードに大きく文字を書く。

②磁石シートを四角くカットし，敷き詰める。

③「上から３番目で右から２番目です。」

④繰り返して開けていく。「『め』？ 『あ』？ 『め』だと思います」「正解！」

手立て

• 左右を間違いやすい場合は，黒板の横に「左ひだり」「右みぎ」と掲示する。

• 右利きでは，「お箸を持つ右」等，必要に応じてヒントを出す。楽しい活動で「左右」を日頃から使う。

72　長さを比べよう　どっちが長いかな？

C 測定ア㋐㋑㋒

（池田康子）

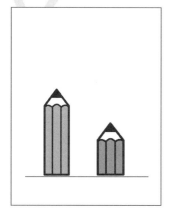

鉛筆の長さ比べ勝負

ものの名前	消しゴムの予想	ぼくの消しゴム（個数）	先生のペン（本数）
じょうぎ	4	3	1と少し
えんぴつ	3	2と少し	1
ノートのたて	5	4と少し	2
つくえのよこ	8	8	5

長さ比べ表

指導のねらい

多様な比べ方で長さを体感し，ゲームや勝負等で楽しく学びたい。

指導の流れ

(1)鉛筆の長さ比べ勝負（直接比較）

どちらが長いか勝負する。「せーの」で出した鉛筆の長さを比べる。線に合わせて端をそろえ，長い方の勝ち。子どもの筆箱の鉛筆が長くてそろっている時には，学級の鉛筆も総動員する。慣れてから，「短い勝負」を行う。

(2)動かせないものを比べよう（間接比較）

動かせないもののどちらが長いか予想をたて，紙テープで測る。当たると勝ち。例えば，ドアと窓を比べる際に2本の紙テープを使う場合，紙テープの色を変えて，「ドア」「まど」と記入する。

(3)長さ比べ表づくり（間接比較）

消しゴムや鉛筆のいくつ分か調べる。単位もユニークな名称を使う。「この鉛筆は，ぼくの消しゴム3こ分だから『3ぼく消しゴム』だ！」長さがちょうどにならない時には，「半分」や「ちょっと」を書き加える。

「今日比べたものの中のチャンピオンは？」

「今日の1位から3位の発表をお願いします。」

などと表彰式のようにすると盛り上がる。

この活動の中で，同じ「1」でも長さの違いや一番長いものの見つけ方に気付く。

手立て

(1)長さ比べのポイント

- 端を揃えることを毎回確認する。
- 紐状のものは，のばす。

(2)日常生活の中で実際に長さを測る体験を

野菜が育っていく様子を，高さや葉の長さに着目して，紙テープで測る。紙テープに日付を書き，壁面に掲示する。あるいはノートに貼る。継続した活動により，だんだん長くなり，成長する様子がわかる。

国語

算数

73　時計を読もう

C 測定イ⑦⑦イ⑦

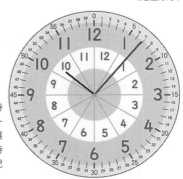

（池田康子）

短針に「じ」長針に「ふん」と書く。数字を書き込んだり，シールで５分刻みの数字を隠したりすることでレベルを調節する。〔学習時計（ラーニングリソーシズ）を使用〕

透明クリアケースに，必要なヒント付き時計シートを入れ，ホワイトボードマーカーで短針・長針を書く，または厚紙の針の裏に付箋糊をつけて使用する。〔シート：時計の学習用　文字盤と針のプリント（幼児の学習素材館）短針：赤，長針：青〕

指導のねらい

生活の中で時刻を活用できるように，まずは，アナログ時計の読み方を知る。

指導の流れ

①〇時（ちょうどの時刻）

②〇時半（30分）

③15分と45分

④５分ごとの時刻

⑤１分ごとの時刻

⑥55分〜59分の時刻

手立て

(1)失敗しない手がかり

間違いを修正することはとても大変。できるようになってから，支援を減らす。

①短針と長針の違い

- 短針が赤，長針が青の時計を用意する。
- 短針に「じ」，長針に「ふん」と書く。
- 「みじかい」と「じ」を強調して話す。

②２と３の間は２時なのか３時なのか

〈見ることが得意な子ども〉

- 見本と見比べることができるように学習時計を操作して同じ時刻に合わせる。最初に「〇時」を合わせて「２時」，次に「〇分」を合わせて「２時30分」。
- ルーレットのように文字盤を色分けする。

〈ことばを添えると学びやすい子ども〉

- 「２時を過ぎていて，３時にはなっていない。だから，２時」のように，いつも同じ話型を活用する。

(2)毎日生活の中で時計を読む機会をつくる

交流授業に出発する時刻，トイレに行った時刻の記録等，子どもにとって意味ある時刻を読む機会を毎日確実に取るようにした。本物の時計は針が動いて読みにくいので，はじめは時計の模型で時刻を提示した。指導の流れの①〜⑥まで指導後，毎日２問ずつプリント学習でレベルアップ。午前午後を書く問題では，「おはよう」の吹き出しや星のイラストを描き，手書き問題で難易度を調整した。

(3)ICT 機器で

アプリを活用するとゲーム感覚で学べる。ことばの説明を多く必要としないのも魅力的。「時計くみたてパズル」（Keaton.com）はおすすめである。

74 天気調べ・気温調べ・ランニングの記録づくりをしよう

Ｄ データの活用㋐㋐㋑

19	20	21	22	23	24	25
	☁	☁	☂	☁	☀	
26	27	28	29	30		
	☀	☀	☀	☀		

てんき	かず（かい）
はれ ☀	8
くもり ☁	9
あめ ☂	5

じゅんい	てんき
1 い	くもり
2 い	はれ
3 い	あめ

天気調べ
自分の毎月のカレンダーに
天気シールを貼ったもの

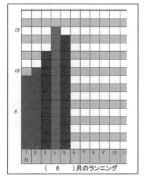

（池田康子）

ランニング記録
走った後の体調に応じて周数を
色分けして塗っている

(6)月のランニング

指導のねらい

年間を通した取り組みで、表やグラフの読み取り・作成を行い、生活の中に活用する。

指導の流れ

(1)天気調べ

①毎朝、自分のカレンダーに、今日の天気のシールを貼る。

②月末に今月の1位2位3位を調べる。

表にまとめる（同じようにシールを貼る、○を描く、数を書く、自分なりの表を作成）。

てんき	かず（かい）									
はれ	○	○	○	○	○	○	○	○		
くもり	○	○	○	○	○	○	○	○	○	
あめ	○	○	○	○	○					

③セレモニー的に発表する。「今月の1位は、ダカダカダカダカダン！ 晴れです。第2位は……」

(2)気温調べ

①毎朝、外に貼った温度計の気温を見る。

②月ごとの気温調べのシートに今日のグラフを作成する。赤は暑い、黄色はちょうど良い、青は寒い等で色分けをする。あえて棒グラフにすると、量として見やすくなる。

③その月の特徴を見つける。他の月と比較をし、気温や季節のこと、服装などを話す。

(3)ランニング記録（10マス計算や九九暗唱など毎日記録に挑戦している課題で使用）

〈Ａタイプ〉ランニングの周数をカレンダーに書く。前日と比較して、頑張りを話す。

〈Ｂタイプ〉記録カードに棒グラフを書く。次のように色分けをする。赤：へとへと、黄：気持ちよく走れた、青：もっと走れる。

自分に合った速度や周数など、次の目標を決める。

手立て

○毎日取り組むシステム

朝の支度の中で、あるいは算数のはじめに記録を書く。毎日取り組むから学習したことを忘れない。

○子どもに応じて取り組めるものを選択

無理なく取り組める内容やレベルのものを相談して決めることで、生活に生かす。

【参考】上原淑枝（川崎市教諭）作成した記録シート

国語

算数

75　商品を10個のまとまりごとで袋詰めして数えよう

A数と計算ア㋐㋒イ㋐

(小野理香)

指導のねらい

　「270は、1が270個」「270は、10のまとまりを27個集めたもの」「270は、100のまとまりが2個と10のまとまりを7個集めたもの」など同じ数について単位を変えて捉えることができる。

指導の流れ

　農作業で栽培したトマトやスナップエンドウ、食品加工で製造したクッキーなど、10個のまとまりとして袋詰めに適した大きさのものを使って、10個ずつ袋詰めにした製品の袋の数を確認する際に、単位を変えて捉える学習をする。

　例えば、46袋できあがった場合、まず、既習した内容として10のまとまりが10個で100となることを確認したのち、100のまとまりを4個つくり、残った10のまとまりの袋を6個数え、10進位取り記数法で100のまとまり、10のまとまりに着目して書き表すことを復習しながら、商品の個数を460と書き表す。また、「100のまとまりが4個で400」「10のまとまりが6個で60」と表す姿を引き出し、「400

と60を合わせて460」と数の合成の考えに基づいた数の表し方について気付くことができるようにする。いずれの方法でも、10個ずつ袋詰めした袋を46個集めたら、個数が460となることが生徒に伝わるようにする。

手立て

　商品を収穫・製造し、10個ずつ袋詰めする。袋の個数を数える。

　100のまとまりをつくり、100のまとまりの個数を数える。

　残りの10のまとまりの袋の数を数える。

　記数法表に100のまとまりの個数、10のまとまりの個数を確認して記入し、読む。

　100のまとまりの個数を数え、商品の個数はいくつか答え、10のまとまりの個数を数え、商品の個数はいくつか答える。

　100のまとまりで数えた商品の個数と10のまとまりで数えた商品の個数を合わせると全部の個数になることに気付くことができるようにし、合わせて総数を答える。

　10のまとまりの個数と総数を比べて、気付いたことを話し合う。

76　分担して袋詰めした商品の総数を，筆算で計算して求めよう

Ａ数と計算イ⑦⑦⑦⑦⑦⑦

（小野理香）

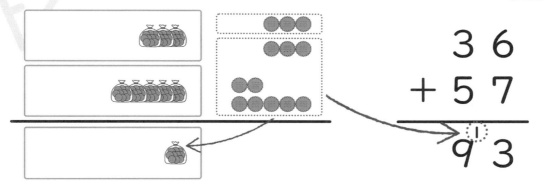

指導のねらい

　具体物と照らし合わせながら筆算の形式を導入することにより，一の位から十の位への繰り上がりのある計算の理解を促し，同じ単位のもの同士をたすという思考と手法を確実に身に付ける。

指導の流れ

　収穫や製造した100個未満の商品の袋詰めをＡ，Ｂ２人で分担し，10袋入る箱等に入れる作業後，商品を箱と残りで上下に寄せ，総数が記せるよう大きめの紙等を準備し，商品数を横に記入する。数値の下に筆算の記号を書き，商品を移動しながら合わせ，その動作に沿って筆算の計算式を進める。端数合わせでは，10のまとまりができるかの思考を促し，繰り上がりの１となる袋詰めの後，下方の箱に入れ，筆算式への繰り上がりの１の記入法を伝える。「繰り上がりの１」は生徒の視点移動が少なく，思考が途切れず，計算結果と混同しないように筆算の式の十の位の答えの位置の上方に小さく記入した後，一の位の答えを記入する。袋を合わせながら下方に移動

し，繰り上がりの１も加えて数を確かめ，十の位の結果を式に記入する。繰り返し行い，徐々に計算式のみで計算する。

手立て

　10個ずつ商品を袋詰めした後，Ａ，Ｂそれぞれの箱に入れて持ち寄り，商品を箱と残りに分けて縦に並べ，「10の袋が三つで30，残りが６だから全部で36」等と確認し，それぞれの数を商品の横に書くよう促す。

　36と57が書けたら計算記号を加筆し，「合わせていくつになるか，筆算で計算しましょう」と伝え，端数へ注目するように指さして待つ。

　「もう一袋できる」等が出たら，袋を渡し，袋詰めを促す。その袋を下の箱に移し，「繰り上がるよ」と伝え，残りは下へ移動する。

　「１つ袋ができたことをここに書きましょう」と，繰り上がりの１を小さく書くように促し，端数も一の位に書くように促す。袋を下に移動しながら「３（袋）と５では」と尋ね「８」と答えたら，「繰り上がりの１も忘れずに」と伝え，「９」と答えたら記入を促す。

国語

数学

77　花壇の植栽計画を立てよう

A数と計算ウ㋐㋒イ㋐

（小野理香）

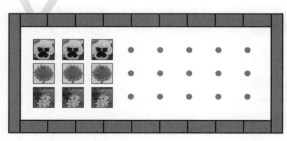 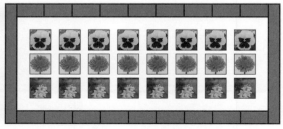

指導のねらい

　かけられる数とかける数が入れ替わる状況を経験し，入れ替わっても答えが同じになることを実感できるようにして理解を深める。

指導の流れ

　花壇の植栽計画を３種類の花で行う。３種類を１セットとし，何セットできたか確認し，花が全部でいくつあったかかけ算の式で計算するように伝え，式を引き出す。実際に３種の順番を決め，１セットずつ端から順番に植栽をし，３個×８セットの意識を強める。植栽が終わった花壇を見て，気付いたことを話し，同種の花が横並びに８個ずつ植わっていることに気付いたら，８個のまとまりがいくつあるか尋ねる。３種類の３であることの気付きを待ち，かけ算の式を立てるように伝え，式を引き出す。

　二つの式の答えが同じであること，かけられる数とかける数が入れ替わっていることを気付けるように上下に並べて比べる。

手立て

　３種類の花を紹介し，植える順番を伝え，三つずつセットにする。

　何セットできたか確認し，全部で花がいくつあるかかけ算の式で求めるように伝える。「３（個）×８（セット）」との式が出たら，「　　×　　＝　　　」と空白をとったホワイトボードに「３」「８」のカードを貼り，答えを尋ね，24と書く。

　３個ずつ生徒が持ち，事前に３行，８列で準備した植え込み用の穴に順番に植栽する。植栽が終わったら，花壇を見て気付いたことを話し合う。

　同じ花が横にきれいに並んでいることに気付いたら，いくつあるか尋ねる。

　全ての花が８個あることがわかったら，８個が何種類あるか尋ね，「３（種類）」と出たらかけ算で式をつくるように促す。

　同様に，「８（個）×３（種類）」と式を別のボードに貼り，答えを尋ねて24と書く。

　２枚のボードを上下に並べ，生徒の気付きに合わせて，数字カードを動かしながら，数字が入れ替わっても答えが同じになることの気付きを深める。

78　3本（4本）の直線で三角形（四角形）をつくろう

B図形ア⑦⑦⑦⑦

（小野理香）

3本の直線で　三角形をつくろう

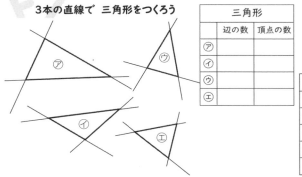

三角形		
	辺の数	頂点の数
⑦		
⑦		
⑦		
⑦		

4本の直線で　四角形をつくろう

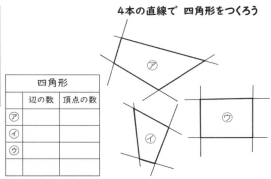

四角形		
	辺の数	頂点の数
⑦		
⑦		
⑦		

指導のねらい

　3本（4本）の直線で囲まれた図形を複数描くことで，それらに共通する項目を見つけ，それぞれの図形の特徴（辺の数・角の数）と「三角形（四角形）」の名称につく数字との関係を理解する。

指導の流れ

　3本の直線で囲まれた図形を三角形と呼ぶことを伝え，3本の直線で囲まれた図形ができるように3本の直線を引く。いくつか囲まれた図形を描いた後に，囲まれた図形の形がわかりやすいように図形のふちを定規を使って太線でなぞり，区別できるように記号付けする。辺と頂点の用語を伝え，それぞれの図形の辺と頂点の数を数えて，整理する。描いた図形と整理した表を見ながら，気付いたことを発表する中で，各図形の名称の中の数と辺，頂点の数が同じであることに気付けるようにする。

　直線を描きながら図形を作成することが難しい場合は，竹ひごや，細くて曲がりにくい針金等で囲まれる図形をつくった後，それに

合わせて，作図する方法等，直線で囲まれた図形のイメージが持ちやすい教具を工夫する。

手立て

　生徒の実態に合わせて，3〜4個程度の図形が描ける用紙と定規，鉛筆，太線の描けるペン等を準備する。

　「3本の直線で囲まれた形を三角形と言います。3本の直線を描きながら，三角形をつくってみましょう」と伝え，示範する。

　用紙に描くように伝え，複数作成できたら，「囲まれた図形はどこでしょう」と尋ね，生徒の様子を見て，示範した図形の辺を太線でなぞり，囲まれた図形を確認する。それぞれに図形をペンでなぞるように伝え，なぞった後に⑦⑦⑦等の記号付けをするように促す。

　示範の図形で，辺と頂点の名称を伝え，個々が描いた図形の辺と頂点の数を表にまとめる。図形と表を見ながら，気付いたことを話し合う。三角形の三，辺が3本，頂点が三つと図形の中の数字と辺と頂点の数が一致していることに気付けたら，そのことについてまとめる。

国語

数学

79　ウォールボードのデザインを考えよう

B図形ア(ア)(キ)(イ)ア

（小野理香）

指導のねらい

　製品のデザインを考える際，図形の敷き詰めを取り入れ，並べ方の繰り返しや色の折り返し等によりできあがる敷き詰め模様の美しさや図形の面白さを感じるとともに平面の広がりについての理解の基礎となる経験をする。

指導の流れ

　数色の正方形製品パーツを使って，ウォールボードのデザインを考える。

　色の組み合わせや並べ方を工夫し，いくつものパターンを考える。その際ウォールボードの大きさや形にも目を向け，隙間なく敷き詰めをする。

　実際のパーツを使ってデザインを進める他に，マス目の大きな方眼を準備して，ペンや色鉛筆で塗ったり，マス目に合わせて色紙などを準備して方眼に沿って貼ったりしながらデザインを考える方法も取り入れる。

　いくつもデザインを考える中で，正方形を縦横同じ数ずつ敷き詰めたら大きな正方形になることや，縦横の数を変えるといろいろな比の長方形になることなど，その図形と他の

図形の関係や，多面的に見ることで模様がいろいろなまとまりに見えること等にも気付けるように働きかける。

　生徒の実態や，作業学習の取り組みの状況により，製品パーツを長方形にしたり，三角形にしたりして，さらに思考が深まるような取り組みをする。

手立て

　「ウォールボードのデザインを考えましょう」と伝え，色ごとに仕分けされた製品パーツを渡し，「隙間が空かないように並べていきましょう」と伝えた後，作業の様子を見守る。

　縦横同じ数を並べて正方形になったり，いろいろな長方形になったりした場合は，本人が気付けるように「どんな形になっていますか」等と尋ねる。

　並べているボードの一部分を指さし，「ここに十字の形があるよ」などと交互に並べていただけのものが，見方によって十字の形に見えるなど，模様のおもしろさに気付けるように働きかけをする。

80 秤を選んでいろいろなものの重さを計ろう

C測定ア(ア)(エ)(イ)(ア)

(小野理香)

持ってきたもの	予想の重さ（g・kg）	実際の重さ（g・kg）	気付いたこと

指導のねらい

　身近にある重さの異なるものを計量しながら，デジタルキッチンスケール，秤量１kg，４kg秤等重さに合わせた秤があることを理解し，ものの大まかな重さをイメージして計量するための適切な秤を選び計量することができる。

指導の流れ

　身近にあるものの重さについて予想し，実際に計量して確かめる。計りたいものをそれぞれ持ち寄って予測する。いろいろな重さのものが集まるよう，「これは軽そうだね」「これは重そうだね」等とことばかけをする。

　持ち寄ったものの重さの予想を立てる。

　キッチンスケール（１g単位での計量），秤量１kg秤（10g単位のメモリ），秤量４kg（100g単位のメモリ），後に体重計（１kg単位の計量）を準備し，実際に計りながら予想の修正をし，ものの大まかな重さを実感して，そのものの重さと秤のメモリなどから，そのものに合った秤を選び計測する。

　再度それぞれの秤に合ったものを考え，持ち寄って計量することを繰り返し，大まかな重さを予測する力とそれに適した秤の選択ができるようにする。

手立て

　「いろいろなものの重さを計ってみよう」と伝え，計りたいものを集めるよう促す。

　それぞれが持ち寄ったものを見せ合い，持ち寄ったものの名前とその重さ（単位）の予想を用紙に記入する。

　準備した数種類の秤を見て，それぞれの特徴や違いについて気付いたことを発表し合う。

　持ち寄ったものをそれぞれが計って結果をみんなに伝える。

　用紙に記入した後，ものの重さについてや秤との関係，そのものの重さを計るのに適している秤はどれか等，それぞれが気付いたことについて発表し，まとめをする。

　計量したり，発表したり，話し合ったりする中で，実際にものを持ってみて，「○○は○kgだね」と重さが実感できるような活動や「どの秤がわかりやすいかな」と秤の選択にも目が向くような助言をする。

国語

数学

81　販売担当のスケジュールをつくろう

Ｃ測定イ㋐㋑イ㋑㋐

（小野理香）

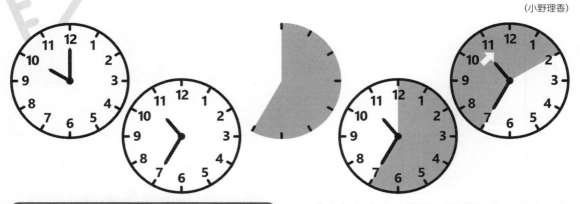

指導のねらい

　ある時刻から時間が経過して長針が12のメモリをまたいだ時刻について，アナログ時計と時間幅を表す教具を使い，12をまたいでさしているメモリが求める時刻の「分」になることがわかり，正確に時刻を求める。

指導の流れ

　販売活動のスケジュールを立てる際，販売開始から分担された担当時間の経過を，アナログ時計を使って確認しながら，交代時刻を求める。この際，12のメモリをまたいだ時刻を時間幅の教具（文字盤が透けて見える５分ごとに印を付けた教具でＰＰシート等で作成したもの）を使用し，時間の経過をシートで覆い，12をまたぐまで何分（５メモリで25分），12をまたいだ後が何分（２メモリで10分）に分けて見る見方を伝え，またいだ後のメモリが求める時刻の「分」となることをシートの切れ目が接している時刻と合わせて見つける。またぐ際，短針の動きも確認し，次の数になり，それが求める時刻の「時」になることに気付けるようにする。

　「分」を求める際は，１メモリが５分であることを使い，メモリを数えながら５とびで「５，10……」と数えて時間を求めたり，かけ算を既習済みの場合は「５分が２メモリだから５×２＝10」とかけ算で求めたりする。

手立て

　販売交代時間（35分）を伝え，販売開始の時刻（最初は丁度の時間）を確認し，１回目の交代時間を尋ね，解答（10:35）が出たら，続けて２回目の交代時刻を尋ねる。

　生徒の解答がいくつか出た後，時間幅シートを10時に合わせて，35分間はメモリが七つあることを確認する。

　次に10:35からシートを重ね，生徒の様子を伺いながら，35分から一つずつメモリを数え，12をまたぐ際に，短針はどのように動くか尋ね，11時になることを押さえる。12まで５メモリで25分，残りは２メモリで10分となることがわかったら，「12を過ぎたから，次の11時になり，分は12を過ぎた後の２メモリで10分になるね」と短針の動きと過ぎた後の分と時刻の関係を確認する。

82 グラフを見て，パーツの作成数を考えて，作成しよう

Dデータの活用ア㋐㋐㋑㋐

（小野理香）

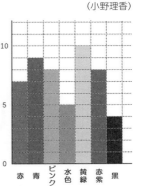

指導のねらい

棒グラフを使って，製品のパーツ数を表すことで，作成数及び使用数の増減が一目でわかり，作成数の調整が容易にできることを実感し，グラフで表すことの良さを理解する。

指導の流れ

パーツ作成班に，パーツの作成数をグラフで確認することを伝え，作成方法や手順を説明した後，パーツ作成を行う。

作成数に合わせて色カードを貼り，作業と並行して棒グラフを作成し，作業時間の終わりに，グラフからパーツの多少の読み取り等を促し，次時にはどの色のパーツを補うか少なくするかなどの生徒の考えを聞く。

製品作成班にグラフを紹介し，製品をつくる際に使用したパーツと同色の色カードを，使用した分だけその都度グラフから取り除くことをお願いする。

作業中もパーツの増減がわかること，作業終わりには一目で在庫バランスが確認できることなど，グラフを利用することの良さについて作業の終わりに生徒の考えを聞く。

手立て

パーツ名（色）と作成数（在庫数）を表す大きめのグラフ用紙と色カードを準備する。

作成した数と同じ数だけ，色カードをグラフに貼っていくことを説明し，在庫数を数えて，一緒に色カードをグラフに貼る。

パーツを作成した後，グラフに色カードを貼ることを繰り返す。

作業終わりに，パーツ班全員でグラフをみて，気が付いたことを出し合う。

一番少ないパーツ，一番多いパーツなどを確認し，次時はどのパーツをどのくらい作成するか話し合う。

製品作成班にグラフを紹介し，使用パーツと同色の色カードを使用時に取り除くことをお願いする。

パーツ作成とパーツ使用による増減の様子を随時伝え，グラフの変化が意識できるようにする。

作業終わりに，グラフを見てわかること，考えたことなどについて意見を出し合い，グラフの良さについて意識を深める。

国語

数学

83 PowerPoint教材で1000より大きい数比べ

A 数と計算ア(ア)(ア)

（後藤匡敬）

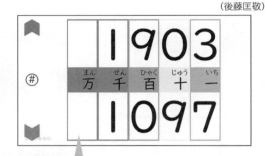

位ごとに押すと数が
1ずつ増える。

押すと位の枠の
ヒントが出る。

指導のねらい

この段階では，1000より大きい数の読み方の規則性に気付き，さまざまな数を読み上げることができるよう指導する。数唱の規則性を理解した上で，位を揃えて上の位から順番に比較していくことで二つの数の大小を見分けることができるようにする。

指導の流れ

①フラッシュカード型のデジタル教材を提示し，上下の2数を比べる

ここでは，位を押すと，その位にある数字を0→9まで順に表示できるPowerPoint教材「04084［数学］数字を比べよう（押すと作れる編）」を使用した。大きい位から順に二つの数を比較し，同じ位同士が違う数になったら大小の判断をするよう伝えておく。二つの数は大型提示装置に投影する。

②上下にある二つの数のうち大きい方を判断し，表現する

PowerPoint教材の位を押して，数を増減させる。「どっちが大きい？」と尋ね，生徒が「上！」と答えるようなやりとりを重ね，

片方の数だけを増やすうちに，生徒の回答が「下！」と変わる瞬間が出てくる。その瞬間に注目できるようにゆっくり確認したり，位を指さしで示したりしながら視線を促す。

③数の読み方を確認する

位を押して1ずつ増やしては数唱を重ねることで，位の数に注目して読み上げるようにし，0は読まないことも示す。位の増やし方は必ずしも1の位とは限らず，他の位もランダムに増やすと難易度が上がる。

手立て

紹介したPowerPoint教材は，画面左端の「#」を押すと，「色枠→位の読み」の順に表示でき，段階的にヒントを出すことができる。タブレット端末を使えば，内蔵マイクを介して数唱した結果を簡単に録音したり，動画にしたりできるため，生徒自身の振り返りや教師の指導の評価に効果的である。教師が数唱を録音し，聞いて書き取る課題も作成できる。

「04084［数学］数字を比べよう（押すと作れる編）」
Teach U〜特別支援教育のためのプレゼン教材サイト〜

84　タイルがアニメーションで動く筆算

A 数と計算イ⑦⑦

（後藤匡敬）

各位にタイルが色別で並ぶ。

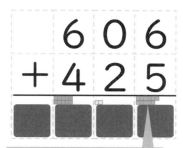

タイルが移動するアニメーションで推移が分かる。

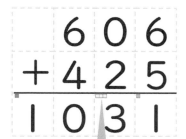

繰り上がりの際は，タイルが10枚重なって上位に移動。

指導のねらい

　２段階の整数の加法及び減法は，３位数や４位数について扱い，数学的活動は，１段階で示した活動に準ずる。２位数までの筆算の方法を基にして，３位数・４位数でも応用できることを実感してほしい。筆算に入る前に，例えば商品の金額や教室のゴミの重さ等，実際の生活の場面に出てくる数値を題材にすることで，生活の中で活かす数学の視点への意識を向けやすくなる。

指導の流れ

①店舗に陳列してある商品の価格表示を見て，二つの商品（606円と425円）の合計金額を求める場面であることを知る。イラストや写真を用いて，実際の店舗を再現するとよりリアリティが増す。

②計算式を筆算にし，解く。用意された筆算の空白の枠に金額を書き込む。実際に計算をする。

③タイルのアニメーションを見て，自分が間違えていた箇所を認識する。筆算をタイルのアニメーションで再現することができるPowerPoint 教材「04086［数学］タイルが動く筆算（４位数まで）」を使う。この教材は，繰り上がりの様子をタイルのアニメーションによってイメージしやすいように構成された教材である。例えば，一の位のタイルが10個集まると，十の位のタイル１個に変形し，そのまま十の位に移動する。

④同じ数値で再度筆算を解く。タイルのアニメーションで繰り上がりのイメージを深めたところで，実際の筆算の繰り上がりの表記法を確認し，実際に解いてみる。

手立て

　３位数の加法においてつまずきやすい「位の繰り上がり」について，筆算とタイルを組み合わせ，アニメーションで表現することで，できるだけイメージが持てるようにした。

「04086［数学］タイルが動く筆算（４位数まで）」
Teach U〜特別支援教育のためのプレゼン教材サイト〜

国語

数学

85　デジタルのカード教材を使ってかけ算の理解を深める

A 数と計算ウ㋐㋐

（後藤匡敬）

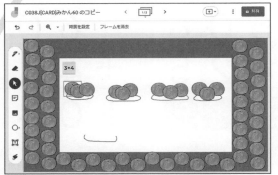

タブレットで開けば，みかんの画像を指で動かし，皿を描くことができる。デジタルカードの教材「みかん60」のコピーを作成することで使用できる。

＊デジタルのカード教材「みかん60」は，PowerPoint, keynote, ロイロノート・スクール, Google スライド, Jamboard で動作する。

指導のねらい

　この段階では，乗数が1増えれば積が被乗数の分だけ増える等，乗法の仕組みの理解を目指す。みかんと皿のイラストをタブレット上で動かして操作することができるデジタルのカード教材「みかん60」を活用し，皿の上に置くみかんの数（被乗数）と皿の数（乗数）の関係を，増減させる中で見出し，かけ算の理解を深めていく。

指導の流れ

①「みかん」を被乗数，「皿」を乗数として，「3×4」をタブレットで表現する。みかんを3ずつ並べて四つのまとまりをつくり，1まとまりを線で囲んで皿に見立てるよう伝える。

②被乗数が1増えて「4×4」になった時，積はどのように変化するか考える。四つの皿にみかんを1ずつ追加する操作をする。「3×4が4×4になったら，みかんの数はどう変化する？」と尋ね，生徒自身にみかんの操作を促す展開も面白い。理解が進んだら，被乗数をさらに1ずつ増やすこと

で積がどのような増え方をしているか着目できるようにする。

③最初の式に対して乗数が1増えて「3×5」になった時，積はどのように変化するか考える。皿を一つ追加して描いて，みかんを三つ置く操作をする。「3×4が3×5になったら，みかんの数はどう変化する？」と尋ね，②同様，生徒に操作を促す展開も面白い。理解が進んだら，乗数をさらに1ずつ増やすことで積がどのような増え方をしているか着目できるようにする。

手立て

　最初は，本物のみかんと皿を使うと，場面のイメージがつかみやすい。

　計算式では問題を解ける生徒も，実際の生活場面でかけ算を用いることが難しい場合があるため，実生活の場面に近い操作をタブレット上でシミュレーションすることは，実際的な理解を促す。

「C038［CARD］みかん60」
Teach U～特別支援教育のためのプレゼン教材サイト～

86　エアー的当てゲームで「0のかけ算」の意味を知ろう

A 数と計算ウ(イ)ア

（後藤匡敬）

テレビに的を表示し，撃つ
ふりをすると的に当たる。

1回目	2回目	3回目	4回目	5回目	6回目	7回目	8回目	9回目	10回目	合計
0	3	1	5	2	3	2	0	0	5	21
3	0	0	1	1	1	5	2	2		16
5	5	0	0	0	3	0	1	3	0	17
2	1	0	3	2	0	5	0	0	1	14
0	2	1	0	1	3	2	0	1	5	15

自分以外の得点も各生徒がカウント
した後，点数ごとに回数をまとめる。

指導のねらい

　この段階の整数の乗法は，身の回りの事象を観察したり，具体物を操作したりする中で，中学部１段階で学んだ九九を実生活で活用し，乗法の意味の理解をより確かなものにしていく。中学部２段階は交換法則や分配法則も扱うが，今回は乗数又は被乗数が0の場合の計算についての取組を紹介する。的当てゲームを題材に，0点に3回当たれば$0 \times 3 = 0$，3点に1回も当たらなければ$3 \times 0 = 0$と，乗数又は被乗数に0があると必ず積は0となることを，実際に的当てをしながら確かめ，実感を促す。

指導の流れ

① PowerPoint を使ったエアー的当てゲームの試技を教師が示す

　実際に的当てゲームを準備するのも面白い授業展開ができるが，今回は手軽に準備でき，試技の反復が簡単な PowerPoint の的当て教材「04083［数学］的当てゲーム」を活用し，エアーで的当てをした。この教材を開いたパソコンやタブレット上で押すと，その箇所に印が付く。まずは教師が的を表示させたテレビに向けて射的のポーズを構えて「バン！」と撃つふりをし，タイミングよく手元のタブレット等を押すと，的に当たったように見せることができる。

②生徒が的当てに取り組む

　教師の試技を見た後，生徒が取り組む。この際，射的で構えるものを生徒が選ぶようにすると盛り上がる。試技をしない生徒は，他の生徒が取り組む結果を得点表に書き込む。

③合計を出し，点数を確かめる

　点数を比較する中で，0点に当たった場合や，ある得点の所に1回も当たらなかった場合が何点になるか，考える場面をつくる。

手立て

　得点は，必ず0の要素を含むようにタブレット等の操作で調整することで，0の乗法を考える機会を意図的に多くつくるとよい。

「04083［数学］的当てゲーム」
Teach U〜特別支援教育のためのプレゼン教材サイト〜

国語

数学

87　身の回りの広さのランキングをつくろう

B 図形イ(イ)⑦

（後藤匡敬）

小さめの折り紙を渡し，敷き詰めて枚数を数える。

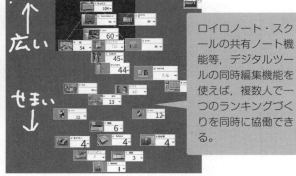

広い↑
せまい↓

ロイロノート・スクールの共有ノート機能等，デジタルツールの同時編集機能を使えば，複数人で一つのランキングづくりを同時に協働できる。

指導のねらい

　面積に初めて取り組むこの段階では，単位図形を隙間なく重ならないように敷き詰める活動から始める。今回は7.5cm 平方の小さな折り紙を単位図形とし，それを教室内のさまざまなものに乗せて並べ，広さを数値化していく。数値によって広さを示して比較できることを，広さランキングづくりを通して実感してほしい。また，（縦に並ぶ枚数）×（横に並ぶ枚数）によって広さを表現できることに気付き，（縦の長さ）×（横の長さ）＝（面積）という長方形の面積の求め方の理解に結び付けてほしい。

指導の流れ

①折り紙を並べる手本を示す

　書画カメラを使い，折り紙の並べ方を，テレビ画面に映して伝える。書画カメラを上から下に向けて映すと，実際に並べる視点で映り，生徒と共有できる。

②測りたい対象物を教室内から探す

　生徒に折り紙を渡し，測りたい対象物を教室内に限定して探す。ある程度測り方がわかってきたら，探す範囲を廊下や別教室等に広げても面白い展開ができる。また，測る対象の選定の段階で，同じ面積でも正方形や細長等のように形にバリエーションがあると気付きを促せる。

③測りたい対象物上に折り紙を並べる

　実際に折り紙を並べて枚数を数え，タブレット端末で写真に撮り，対象物の写真・名前・折り紙の枚数を記録する。

④カードを並べ替え，ランキングをつくる

　折り紙の枚数を比較して，広い順に並べる。数値化したことで，似ていない形でも比較できる機会を設けることができる。

手立て

　ランキングをよりわかりやすく表現するには，写真を用いると効果的である。写真を撮って印刷する方法もあるが，タブレットで撮影して，アプリ（Keynote，ロイロノート・スクール，Google スライド等）を使うと，写真と文字を組み合わせて手軽に表現しやすい。

88 分度器づくりを通して感じる角の大きさ

B 図形ウⒶ㋐㋑㋒

（後藤匡敬）

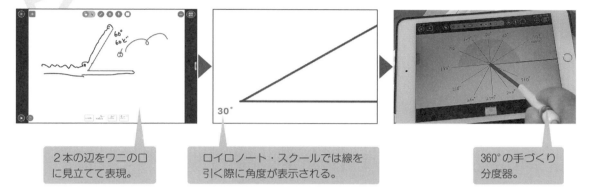

２本の辺をワニの口に見立てて表現。

ロイロノート・スクールでは線を引く際に角度が表示される。

360°の手づくり分度器。

指導のねらい

この段階では，角の大きさを取り扱う。一つの頂点から伸びる２本の辺からなる形を角と呼ぶことを押さえた上で，開く角の大きさに着目したり，度数の数値が開き具合を表していることに気付いたりすることをねらう。また，学習をきっかけに，日常生活の中にある角に興味を持ったり，度数を使って角の大きさを表現したり，数学的な見方や考え方を身に付けてほしい。

指導の流れ

①一つの頂点から伸びる２本の線を引く様子を教師が画面に提示する

生徒の興味が湧くようにワニの口を角度に見立ててイラストを描いた。角度が大きくなるにつれ，ワニの表情が険しくなるように描いた。線を引く様子を真上から撮影し，大きな画面に映して示すと書き手の目線を共有できるため伝わりやすい。

②水平に基準となる線分を１本引いた後，その線に対して30°開いた線を引く

０°の線分の左端の頂点から30°開いた辺を引く。タブレットの場合，アプリの機能で線を引く際に小さく角度が表示されるものがある。例えば，ロイロノート・スクールでは，引こうとする線分の近くに度数が表示されるので，その表示が「30°」になった時点でペンを離せば30°の辺を引くことができる。

③30°ずつ開いて１周するまで辺を引き，分度器をつくる

30°ずつ開いて線を引いていくと，360°を引こうとした時点で１周することになる。実際に線を引くことで，360°は１回転を意味することの気付きを促す。

手立て

一つの頂点から伸びる２本の線を，ワニの口の角度やスキーのジャンプ台の角度等，生徒の興味が湧くようなものに見立てて描くと，楽しく角度を学べる。線の引きはじめがわかるように，目印を付けると線が引きやすくなる。書いた角度を実際に分度器で測定しても良い。

国語

数学

89　たし算パズルを表にして数のきまりを見つけよう

C 変化と関係ア(イ)⑦

（後藤匡敬）

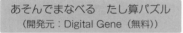

あそんでまなべる　たし算パズル
（開発元：Digital Gene（無料））

はじめの数	次の数	つくりたい数
0	5	5
1	4	5
2	3	5
3	2	5
4	1	5
5	0	5

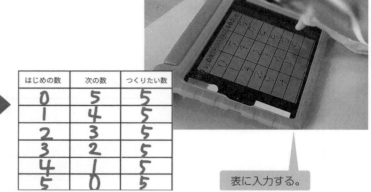

表に入力する。

指導のねらい

「C　変化と関係」は中学部２段階から取り扱う。まず，隣り合う数を指でなぞって目的の数をつくっていく「たし算パズル」というアプリをプレイし，いくつかの数を足して一つの数にする実感を味わう。その後，パズルの上達に向けて素早く数をつくれるようになるために，表を使って対応の数値を示し，変化や対応の規則性を見つけていく。パズルという強い目的意識を動機付けとしながら数を整理する中で，日常生活の中にある数学的な規則性に気付いてほしい。

指導の流れ

①アプリ「たし算パズル」をする

制限時間を決めてタブレットでプレイする。指で画面をなぞりながら数をつくる中で，自然と暗算を繰り返すことができる。

②数をつくるのに何パターンあるか考えるために表に「はじめの数」「次の数」「つくりたい数」の３要素を書く

ここでは最初に指でなぞる「はじめの数」と次になぞる「次の数」の２数に絞り，２数を合わせて「つくりたい数」の三つの要素で表をつくり，その数の変化や対応を見つけていく。まず，「つくりたい数」を示してから，生徒は表の数を考えて書き入れていく。

③表の中の並んだ数から規則性を見つける

生徒の発言を拾いながら，「はじめの数」の増え方，「つくりたい数」の一致等の対応への気付きへと導く。

手立て

表の書き方は最初生徒が戸惑う場合があるため，一つの「つくりたい数」について教師が表を完成させる様子を示すとよい。

また，表づくりの際，生徒はまず「はじめの数」の枠に数を書き始めるが，最初のうちは思いついた順に書くため，表の規則性は見えづらい。何種類か表をつくったところで，「はじめの数を０から順に書いてみよう」と書き方を後から示すと，それまでの自分の方法と照らし合わせながら，順番通りに確かめていく利点を感じることができる。

90　タブレットを使って表とグラフをつなぐ

D データの活用ア㋐㋑㋑㋒㋑㋒

（後藤匡敬）

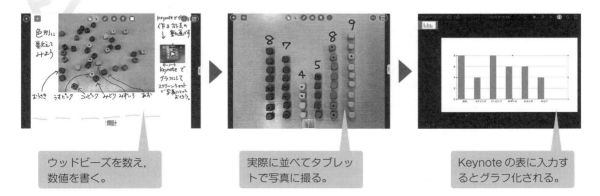

ウッドビーズを数え，数値を書く。	実際に並べてタブレットで写真に撮る。	Keynote の表に入力するとグラフ化される。

指導のねらい

　この段階では，身の回りの事象を数えて目的に応じて観点を決めて分類整理し，表を用いて表したり，表を読んだりする経験を大事にしている。実際に手を動かして数えて整理し，タブレット端末の機能を使って，表入力から自動でグラフ化することで，数値を入力し直すとグラフも変化することへの気付きを促し，表とグラフの概念をつなぐ。

指導の流れ

①書画カメラで数色のウッドビーズを並べて整理する様子を教師が示し，生徒がウッドビーズを並べる

　次の②で生徒がウッドビーズを自分で色別に並べられるよう，手の動かし方を大きな画面に映して伝える。伝わりづらい場合は，一度に伝えず，手順ごとに少しずつ伝えるようにすると理解しやすくなる。

②iPad で写真を撮り，数を書き込む

　並べたものを写真に撮り，iPad で写真に数を書き込むことで，ウッドビーズの並びが

棒グラフ状の形になることへの気付きを促す。

③iPad の Keynote を開き，数値を入力し，グラフ化する

　Keynote の表に数値を入力すると，自動でグラフが生成される。ここでは，数値を変化させると，グラフの動きが同期していることにも気付いてほしい。

④「一番多いのは何色？」など，グラフを基に生徒に質問する

　自分たちでつくったグラフを基にいろいろな角度から質問をすると，よりグラフの理解が深まる。

手立て

　紙と鉛筆で表やグラフを作成する際に，筆記具の操作に時間がかかって学習の目的達成が難しい場合は，やり直しが容易にできるタブレット端末を有効利用するとよい。実際に手を動かして数えたものを撮影し，タブレットを使って表現する学習スタイルは，デジタルならではの学びの形である。

国語

数学

91　ブロック数字パズル

A数と計算ウ(イ)⑦

（和泉澤賢司）

まずは，一枠で
練習問題を行う

ブロックとプリント
を同時に提示する

指導のねらい

○頭の中で数字の操作ができるようになる

　数学的な力として，目で見えるドットと数字の１対１対応だけではなく，頭の中（表象）で，数字の操作をできるようにする。

○卒後の余暇につながる活動を増やす

　保護者から，「携帯電話や動画を見ること以外に趣味がほしい」「余暇的な活動を広げたい」という相談が時々ある。本課題は，世間一般に知られている数字パズルを，導入としてブロックの操作で行うものである。

○書く・消す活動をなくすことでストレスなく取り組む

　数字パズルなので，正解するまで試行錯誤することになるが，書く・消すことに苦手意識があると，それで課題が嫌になってしまう。しかし，本課題の修正はブロックを入れ替えることで簡単にできるため，数字パズルに取り組む壁を低くすることができる。

指導の流れ

　扱う１〜４の数を，頭の中で操作できるように学習しながら取り組むと良い課題である。

自閉的傾向が強い生徒の中には，数字は「１，２，３，４……」と順番に並べるべき，と考えている生徒もいるので，生徒が数字に対してどのような認識をもっているか，改めて実態の把握をしながら学習する必要がある。

手立て

　まずは，ルールの説明を行う。赤い枠の中に１〜４の数字が入ること。縦，横の列も１〜４の数字が入ることを説明する。一つの枠を使って説明し，理解が進んできたら，枠の数を増やしていく。

　次にブロックを一つ抜いた状態で問題を出す。解けるようになったら，抜くブロックの数を増やし，難易度を上げていく。

　ブロックの操作で問題に取り組むことに十分に慣れてきたら，問題を紙で用意する。はじめは，同じ問題をブロックでも提示すると，具体物から平面への学習の移行がスムーズに行われる。

　４マスの数字パズルが解けるようになったら，９マスの数字パズルに挑戦すると良い。100円ショップでも問題集が手に入る。

92　大きな数字の計算をしてみよう

A数と計算ア(イ)ア

（和泉澤賢司）

お金そろばん（例）

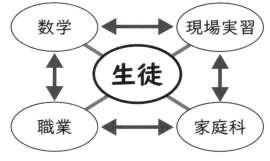

他の教科との関連を持たせる

指導のねらい

　今回の学習指導要領高等部改訂の要点で挙げられている「数学的な見方・考え方」は，「数学の学習の中で働かせるだけでなく，現在そして将来の生活においても重要な働きをすること」として明記されている。将来の生活に直結する力として，お金の計算を取り上げることにする。大きい数の計算，大きい金額の計算ができることで，生活に関わるお金を自分で把握，管理できる力につなげることができると考える。

指導の流れ

　金額を扱う計算は，小学部段階から続けてきていますが，高等部では卒後の生活で活用できるような指導内容にしていきたい。

　近年，クレジットカードや電子マネーなどで，手元に現金がなくても，買い物をすることが一般的になってきた。ただ，金銭の具体的な感覚がないまま，買い物を続けてしまうと，買い過ぎたり，気が付いたらお金がたりなくなってしまったりということになる。

　家庭と連携をして，実際に「お金そろばん」などの教材を持ち帰り，こづかい帳をつける宿題を出すなど，より実践的な学習を行えると，金銭などの大きな整数を扱う力が付いていく。

手立て

　金額の計算は，計算機を使っても答えは出るが，まずは金銭の具体的イメージを持って，お金を使うことを基本としたい。そのために，お金を模した教材を使うことが考えられる。しかし，机上で並べても整理がつきにくい。そこで，教材「お金そろばん」を使うことにする。見てわかりやすい提示と，具体的な操作を行うことで，お金の量や金額を理解しながら計算の確認に使えるようにする。

　また，この学習課題を設定するタイミングは，職業，家庭科，現場実習などの年間計画との関係を見て，「家庭科で調理をするけど，食費はどの位かかるかな？」など，関連性を持たせるように取り組むと良い。卒後への気持ちがより成長すると考えられる。

国語

数学

93　いろいろな図形をつくろう

Ｂ 図形ア(ア)(イ)

（和泉澤賢司）

見本を見ながら，平行をつくる

垂直・三角形・四角形など

既習の図形などを捉え直す
きっかけにしていく

指導のねらい

　高等部学習指導要領数学１段階の目標に「Ｂ　図形」がある。知識・技能として，「平行四辺形，ひし形，台形について知ることや，図形の合同について理解する」とある。

　今回は，色ゴムを使っていろいろな図形をつくる活動を通して，平行や垂直，合同などの性質について学習を進める。また，既習の図形についても，今回の学習を通して捉え直すことができるようにしていく。

指導の流れ

　まず，図形を決定付ける要素を一つずつ確認していく。線と線の関係，例えば平行や垂直などを，見本を見ながら自分でつくることで，理解していく。次に，見本がなくても輪ゴムを操作して，図形の性質を正しく捉え，図形をつくることができるようになることを目指す。

　「向かい合った二組の辺が平行な四角形を平行四辺形という」などの，辺の平行や垂直の関係，辺の長さなど図形の構成要素を理解した上で図形をつくれるようになったら，プリント教材などを使い，筆記具を使って図形を描く学習を進めていくとよい。

手立て

　基本，見本通りの形を色ゴムでつくることができるか確認していく。例えば，平行を学習する時，①見本の通りに平行をつくることができる。②基準の一本の輪ゴムに対して平行をつくることができる。③基準の輪ゴムがなくても，平行をつくることができる。④平行の性質を理解し，自分でいくつもの平行をつくることができるなど，段階を踏んで理解度を確認していく。

　色ゴムを使い図形をつくる利点としては，「試行錯誤できる」ということがある。鉛筆では，間違った時にすぐに直せなかったり，紙が汚れてしまったりする。色ゴムでは，気付いたらすぐに外して付け替えることで修正することができるのである。

　今回の色ゴムを使った学習を通し，既習である三角形や四角形，多角形などについて，色ゴムで図形をつくり，性質を再確認することで，図形全般について捉え直す機会にする。

94　降水確率から，天気予報をしてみよう

D データの活用ア(イ)⑦

（和泉澤賢司）

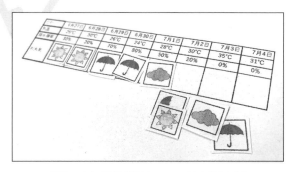

授業ごとに予報が当たっているか確認する

新聞の天気予報欄
をチェック！

降水確率から自分で天気予報をしてみることで，
データを日々の生活に生かせるようになる

指導のねらい

　日常生活の中には，データを活用している
ことがたくさんある。データを扱う学習では，
自分の身長の変化や，好きな食べ物調査の結
果を表やグラフで表すことなどが取り扱われ
る。今回は，データから自分で推測すること
を学習に取り入れるため，天気に関するデー
タ「降水確率」を取り上げ，データの活用に
ついて学ぶ。

　天気予報の天気マークは見ている生徒も多
いだろうが，降水確率を気にして見ている生
徒はどのくらいいるだろうか。降水確率と天
気マークの関係がどのようなものであるか学
びつつ，「予報」という性質上はずれる場合
もある，ということの理解も促していきたい。

　本学習で，降水確率や天気予報に対する理
解が深まることが，日常生活の予定を立てる
ことや，雨具の準備を自ら行えるなどの自発
的行動につながると良い。

指導の流れ

①実際の天気予報を参考に，降水確率と天気
　マークとの関係を学ぶ。

②次に，過去の降水確率から天気マークを自
　分で判断し，１週間の予報練習問題を解く。
③最後は，実際の週間天気予報に出ている降
　水確率だけを提示し，生徒が予報を立てる
　ようにする。授業があるごとに，生徒たち
　がつくった予報が当たっていたか確認する。

手立て

　まず，天気マークと降水確率の関係を学ぶ。
今回は，わかりやすく「０〜30％」は晴れ，
「40〜60％」はくもり，「70〜100％」は雨の
三つの場合に分けることにする。

　％と天気マークのマッチングができるよう
になったら，次に，週間天気の表を提示し，
書かれている％を見て，天気マークを自分で
貼る。

　練習問題でできるようになってきたら，実
際の週間天気予報の降水確率が記載されてい
る表を提示し，天気マークを貼り，予報をし
てみる。授業ごとに実際の天気と，自分たち
が予想した天気とを比べて，当たったか結果
を比較すると盛り上がる。

国語

数学

95　地域の人口を知り，グラフにしてみよう

Ｄ データの活用ア(イ)⑦

（和泉澤賢司）

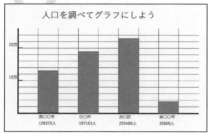

自治体による人口の違い

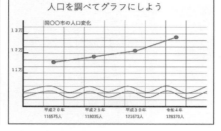

同じ自治体の人口の変化

自分が住んでいる地域を題材にすることで住んでいる地域に興味をもち，ゆくゆくは共生社会として，共に協力，協働，理解しながら，生きていくことを意識できるようにしたい

指導のねらい

高等部学習指導要領数学１段階の目標に「Ｄ　データの活用」がある。内容に「目的に応じてデータを収集し，表やグラフに的確に表現したものから，データの特徴や傾向に着目することができ，その過程や結果を多面的に捉え考察する力を付けていく」とある。

今回，取り扱うデータは，卒後も住み続ける地域の「人口」を題材とした。人口の多少や，経年による人口の変化などを扱うことで，自分が住んでいる市区町村に興味を持つことをねらいとした。

また，自分の住んでいる町に，自分以外にどれだけ人が住んでいるのか，普段の生活では，あまり意識されない部分だと思う。数学ではデータとして人口を扱うが，この学習を通して，「自分は，多くの人達と一緒に，同じ町で生きているんだ」ということに気が付くきっかけになると良い。

指導の流れ

人数を題材にすることは，学年内での好きな食べ物調査や，学年ごとの人数比較などで扱うこともあるが，せいぜい20人や40人，多くても100人までいかない数を扱う程度だと思う。今回は，人口ということで，より大きい数字を扱うことになる。

同じ自治体の市区町村ごとの人口の比較には，棒グラフをつくって比較を行うと良い。また，一つの自治体の人口の推移は，折れ線グラフをつくることで，時間の経過により，増えているか減っているかが，理解できる。

手立て

まず，実際の人口データは，ICT機器を使い，自治体のホームページから自分たちで探し出し，表に写していくと良い。

扱う数が大きいので，必要に応じて省略の波線も併せて学習していく。

近隣の名前を知っている自治体の人口データを棒グラフにして比較し，なぜ人口に差が出るかを考えるようにする。また，自分が住んでいる自治体の人口を経年でグラフにし，その増減の理由を考えることに取り組む。自分が住んでいる町を題材にすることで，地域に対して興味関心が持てるようになると良い。

96　整数の性質　偶数と奇数

A数と計算ア㋐㋐

（髙橋　玲）

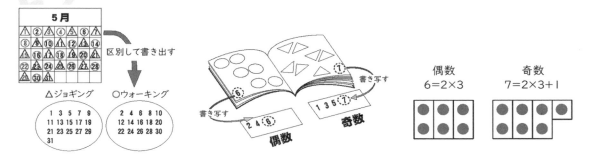

図1　図2　図3

指導のねらい

「整数の性質」に関わる「偶数と奇数」の指導では，２で割った時の余りを観点にして，整数を二つの集合に類別することをねらいとしている。

指導の流れ

整数そのものを考察の対象として，全ての整数の集合が偶数と奇数の二つの集合に類別できることについて学習する。そこで，親しみのあるものに表示されている数に注目してそれらの数を二つの集合に分けることから始め，その後に２で割った余りに着目して類別し，整数の集合を考察していくようにする。

手立て

生徒にとっては，整数を二つの集合のいずれかに分けていけば良いので受け入れやすい。そこで，指導に当たっては，まず，二つに分ける活動を行っていくことから始める。例えば，身近にあるカレンダーや本などを教材に，二つの集合に分ける体験を豊かに持てるようにする。カレンダーを用いた学習（図1）では，例えば，「一日おきに交互に行う二つの

運動をわかりやすくするために印を付けよう」を課題にするなどして，カレンダーの日付に二つの印を付けていく。1か月間全ての日を二つの運動日に分けられたことを確かめ，同じ印を付けた日をそれぞれ書き出すなどする。身近な本を用いた学習（図2）では，「左側のページが偶数だ」「右側は奇数だ」「どの見開きページを調べても同じだ」などと生徒自身が確かめることや，右側ページの数を順に書き出したり，左側ページについて同様にしたりして，二つの集合をつくるなどする。ここで，用語「偶数」「奇数」を導入する。次いで，自分がつくった二つの集合を２で割った時の余りについて調べていく。その際，「２で割った時の余り」が類別に当たっての観点になることを大切にしたい。また，二つの集合を，図（図3）や式（例えば，「２×n」「２×n+1」など）で表現する中で，偶数や奇数の意味理解を確実にしていく。こうした学習を積み重ねる中で，どんな数も偶数か奇数のいずれかになるということを捉えられるようにしていく。

国語

数学

97　整数の性質　約数，倍数

A数と計算ア(ア)①

(髙橋　玲)

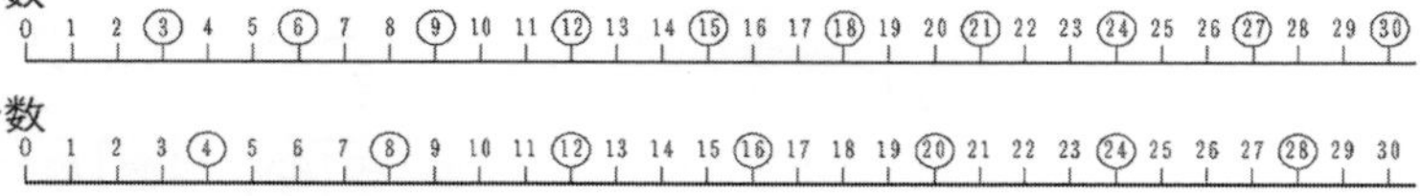

３の倍数

４の倍数

図1

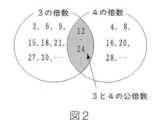

３と４の公倍数

図2

指導のねらい

「整数の性質」に関わる「約数，倍数」の指導では，ある数の約数全体やある数の倍数全体をそれぞれ一つの集合として捉えることをねらいとしている。

指導の流れ

生徒は，２で割った余りに着目して類別した考え方（「偶数と奇数」の学習」）を用いて，ある整数を他の整数で割った時に商が整数で余りが出ないかどうかということに着目して，集合をつくることを学習していく。そこで，乗法を用いて，例えば，３×□で表すことのできる整数の集合について，「３の段」（３×９まで）を超えた数の範囲まで考えることから始める。その後，例えば，４×□で表すことのできる整数の集合をつくり上げていく中で，12や24などの３の倍数と共通する数があること（公倍数）を見つけていくようにする。こうした学習を積み重ねた後に，除法を用いて，例えば，12を割り切ることのできる整数の集合づくりを行い，約数の集合が有限集合であることに気付くようにし，公約数を導入

していく。

手立て

倍数の集合づくりでは，まず，数直線を使って規則的な間隔で並んでいることを見つけたり，ベン図を用いて表したりして，視覚的に，集合として捉えやすくしていく。公倍数の学習では，二つの数直線を並べて考えたり（図1），それをベン図に表したり（図2）するようにしていく。倍数の学習における手立てと同様にして約数の学習を進め，集合づくりを行うようにする。こうした中で，例えば，「６は３の倍数であり，３は６の約数である」ということへの理解を深めていきたい。生徒にとっては，「倍数はかける」「約数はわる」など，それぞれのこととして納得することが考えられる。倍数や約数のそれぞれの集合を具体的につくって考えていくわけだが，できるだけ両者を関連付けられるようにしたい。そのため，例えば，８×３＝24の時，「24は３や８の倍数だ」「３や８は24の約数だ」などと考える機会を日頃から意図的に設けて，数に親しめるようにすることを心がけたい。

98 縮図や拡大図

B図形ア(ア)

（髙橋 玲）

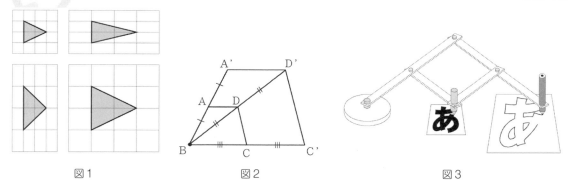

図1　　　　　　　　図2　　　　　　　　　図3

指導のねらい

　ここでは，合同の意味を基に，対応する角の大きさが全て等しく，対応する辺の長さの比がどこも一定であることを活用して，縮図や拡大図を描くことをねらいとしている。

指導の流れ

　縮図や拡大図は，元の図形をその形を変えないで一定の割合で縮めたり，拡げたりした図形である。こうしたことへの理解を促すためには，例えば，合同や割合，比に関する既習事項を生かしながら，実際に作図する中で実感できるようにすることが大切になる。指導に当たっては，形が同じで大きさが違う図形を調べることから始め，対応する角の大きさが等しいことや辺の長さの比が等しくなっていることを見つけていくようにする。その後，例えば，三角形を基の図形にして，２倍の拡大図や$\frac{1}{2}$の縮図の描き方を学習するなどして，図形の性質について確かめていく。

手立て

　形が同じで大きさが違う図形を調べる際には，縦２倍の拡大図や横２倍の拡大図，縦横２倍の拡大図を提示（図1）して，視覚的に「形が同じで大きさが違う」ということを捉えることができるようにする。マス目を用いれば，マス目が長方形であるか正方形であるかということを手がかりに，縦２倍や横２倍の拡大図の方を「違う形だ」，縦横が共に２倍の拡大図の方を「同じ形だ」と生徒が判断することもできる。この学習のまとめとして，元の図形（図1左上の三角形）を切り取って，縦横２倍の拡大図（図1右下の三角形）に重ね，対応する角の大きさが等しいことを確かめたり，辺の長さの比が等しいことを確かめたりする。次いで，方眼を用いて３倍の拡大図を作図するなどしていく。その後で，一つの頂点に集まる辺や対角線の長さの比を一定にして作図する方法（図2）について取り上げる。また，「看板の文字をつくろう」などを課題にして，拡大・縮小器を自作すれば（図3），一層生徒の関心を高めることもできる。これまでに日常生活の中で触れてきた地図や平面図，顔写真ポスターなどを，数学的な見方や考え方で捉える姿が期待できる。

国語

数学

99　二つの数量の関係

C変化と関係イ㋐㋐

（髙橋　玲）

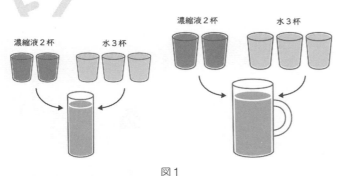

図１

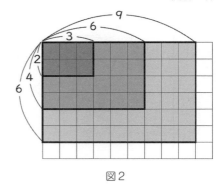

図２

指導のねらい

　ここでは，二つの数量の割合を二つの数の組を用いて表すことをねらいとしている。

指導の流れ

　二つの数量 A，B の割合について，二つの数の組を用いて，A の B に対する割合として「A：B」と表すこと，そして，「$\frac{A}{B}$」をA：B の比の値と呼び，比の値を用いると等しい比であることを確かめることができることを学習する。指導に当たっては，二つの数量の割合を二つの数の組によって表すことができる良さを実感できる経験を豊かに持てるようにすることから始め，比の表し方（A：B）や読み方（A 対 B）の定着を図る。その後，比の値を導入して，例えば，2：3＝100：150が同じであることを確かめていく。

手立て

　例えば，小さなコップで凝縮液２杯分と同じコップで水３杯を混ぜて飲み物をつくった後，これと同じ濃さの飲み物をつくることを課題にするなどして，混ぜた二つの数量の割合に注目する経験を持てるようにする。大き

さの違うコップに替えて（図１），同じようにつくった時にはどうなるかなど，生徒が楽しみながら確かめられるようにしていく。やがて，凝縮液100ml と水150ml の時など，普遍単位を用いた場合についても調べていくようにする。こうした経験は，この後に行う比の値に関わる学習で，生徒が納得できる事実の一つになる。次いで，「凝縮液２の，水３に対する割合」を２：３で表すことを知らせ，水の量が２倍，３倍，……となった時に，凝縮液の量がどうなっていたか振り返りながら，飲み物の濃さ（数量の関係）を比で表せる良さ（例えば，水の量が変わっても同じ濃さがつくれるなど）について考えていく。比の値の学習では，「凝縮液２の，水３に対する割合」の時，$\frac{2}{3}$ になることを知らせ，4：6の時も，6：9の時も，100：150の時にも $\frac{2}{3}$ になることを確かめる。縮図や拡大図について既習していれば，図２を用いて，飲み物の濃さを形で表せることや「大きさが違っても形が同じだから同じ濃さだ」ということを視覚的に確かめることもできる。

100　起こりうる場合

Dデータの活用イ㋐㋐

（髙橋　玲）

記号化する	
ジェットコースター	A
観覧車	B
ゴーカート	C
メリーゴーランド	D

表で考える
（一番目がAのとき）

図で考える

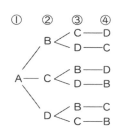

図1

表で考える

図で考える

図2

指導のねらい

　ここでは，観点を決めて図や表などに順序よく整理して表したり，起こりうる全ての場合を適切な観点から分類整理して，順序良く列挙したりすることをねらいとしている。

指導の流れ

　生徒は，順列（互いに異なるものの中からいくつかを一列に並べる時の並べ方）や組合せ（一つの集合からいくつかの要素を取り出した時の組合せ方）について，足りないものがないように考えたり，同じものを重ねて取り上げないように，図や表を用いるなど工夫しながら調べることについて学習する。指導に当たっては，経験のある事象を取り上げ，順番の決め方や並び方について調べることから始め，それらが何通りあるか落ちや重なりのないように調べていく。その後，組合せについて，落ちや重なりのないように調べるための工夫について考えていく。

手立て

　順列の学習では，例えば，リレーで４人の選手が走る時の順番の決め方や校外学習で行く遊園地にある四つのアトラクションに乗る時の順番の決め方を課題にするなどしていく。生徒にとって興味のある問題状況を取り上げて具体的な事実に基づいて考えられるようにすることで，落ちや重なりのないようにしようといった気持ちを喚起し，順序良く列挙できるようにしていく。その際，記号化したり，表や図を用いたりする（図１）と調べやすいことに気付くことができるようにする。「一番を決めればいい」「図や表を使えば簡単だ」などといったことばを生徒から引き出していく。組合せの学習では，例えば，４人で２人ずつ，どの人ともじゃんけんを１回ずつする時や，四つの野球チームがどのチームとも１回ずつ試合をする時の試合数が全部で何通りできるかなどについて取り上げると問題状況を捉えやすい。その際，「ＡとＢ」「ＢとＡ」の組合せが同じであることへの理解が生徒にあるかどうか丁寧に捉え，生徒が同じであると考えられている場合には，表や図を用いて（図２），ＢとＡの組合せを数えないことに気付けるようにしていく。

【編者紹介】
特別支援教育の実践研究会
（とくべつしえんきょういくのじっせんけんきゅうかい）
『特別支援教育の実践情報』（隔月　奇数月22日発売）を刊行している。

是枝　喜代治（これえだ　きよじ）
東洋大学ライフデザイン学部生活支援学科教授

村山　孝（むらやま　たかし）
東京都立田無特別支援学校長

【執筆者紹介】　＊執筆順　＊執筆時
菅原　慶子（岩手県立前沢明峰支援学校）
鎌田亜希子（秋田県立比内支援学校）
小島　久昌（東京都港区立青山小学校）
日野　有里（福島県立須賀川支援学校）
小笠原志乃（筑波大学附属大塚特別支援学校）
菊池　恵美（筑波大学附属大塚特別支援学校）
山﨑　嘉信（神奈川県立高津養護学校長）
上仮屋祐介（鹿児島大学教育学部附属特別支援学校）
上羽奈津美（熊本大学教育学部附属特別支援学校）
橋本　直樹（東京都立王子特別支援学校）
池田　康子（神奈川県立川崎市立富士見台小学校）
小野　理香（大分県立佐伯支援学校）
後藤　匡敬（熊本大学教育学部附属特別支援学校）
和泉澤賢司（東京都立七生特別支援学校）
髙橋　玲（群馬県立渋川特別支援学校長）

特別支援教育サポートBOOKS
国語，算数・数学
発達段階に合わせて学べる学習課題100

2023年1月初版第1刷刊　ⓒ編　者　特別支援教育の実践研究会
2024年1月初版第3刷刊　　　　　是　枝　喜代治
　　　　　　　　　　　　　　　村　山　　孝
　　　　　　　　　　発行者　藤　原　光　政
　　　　　　　　　　発行所　明治図書出版株式会社
　　　　　　　　　　　　　http://www.meijitosho.co.jp
　　　　　　　　　　（企画）佐藤智恵（校正）nojico
　　　　　　　　　〒114-0023　東京都北区滝野川7-46-1
　　　　　　　　　振替00160-5-151318　電話03(5907)6703
　　　　　　　　　　　ご注文窓口　電話03(5907)6668
＊検印省略　　　　　組版所　広　研　印　刷　株　式　会　社

Printed in Japan　　　　　ISBN978-4-18-213721-1
もれなくクーポンがもらえる！読者アンケートはこちらから　→